打造区域竞争力
战略与治理

经济合作与发展组织/著
Organisation for Economic Co-operation and Development(OECD)

李　莉　李贵才/译
Li Li Li Guicai

李贵才/审
Li Guicai

Building Competitive Regions
STRATEGIES AND GOVERNANCE

翻译版之翻译质量与其与原著之间的关联仅由译者负责。如原著与翻译版之间存在偏差，仅以原著内文为准。

科学出版社
北京

图字：01-2016-4566

内 容 简 介

　　打造区域竞争力，是促进区域经济可持续发展的核心环节。本书深入系统地分析了 OECD 成员国政府在应对区域竞争力相关问题上所采取的战略措施及其统筹协调机制，对我国城市与区域发展规划与实践具有重要参考价值和借鉴意义。

　　本书可供城市与区域研究工作者、规划师、政府决策人员阅读，也可作为高等院校相关专业辅助教材。

原著英文版由 OECD 出版：
Building Competitive Regions: Strategies and Governance
©2005 OECD
版权保留。
北京大学城市规划与设计学院完成翻译工作。
中文版©2018 科学出版社。

图书在版编目（CIP）数据

　　打造区域竞争力战略与治理 / 经济合作与发展组织著；李莉，李贵才译. —北京：科学出版社，2018.10
　　书名原文：Building Competitive Regions：Strategies and Governance
　　ISBN　978-7-03-057751-1
　　Ⅰ. ①打… Ⅱ. ①经…②李…③李… Ⅲ. ①区域经济–竞争力–研究 Ⅳ. ①F061.5
　　中国版本图书馆 CIP 数据核字（2018）第 115641 号

责任编辑：李　敏 / 责任校对：彭　涛
责任印制：张　伟 / 封面设计：无极书装

科 学 出 版 社 出版
北京东黄城根北街 16 号
邮政编码：100717
http://www.sciencep.com

北京九州迅驰传媒文化有限公司 印刷
科学出版社发行　各地新华书店经销
＊

2018 年 10 月第 一 版　开本：720×1000　B5
2019 年 9 月第二次印刷　印张：9 1/2
字数：200 000
定价：108.00 元
（如有印装质量问题，我社负责调换）

译 者 简 介

李莉，1980 年 3 月生于湖北省大悟县，于 2001 年和 2004 年分别获得北京师范大学理学学士和硕士学位，2010 年获得日本国立鸟取大学国家级重点实验室干旱地区研究中心博士学位。硕、博士毕业后先后就职于北京社科院中国总部经济研究中心、日本国立鸟取大学、美国夏威夷大学等单位，承担研究助理、特别研究员（博士后）、访问学者等职。2013 年开始正式就职于北京大学深圳研究生院城市规划与设计学院，担任助理教授，研究方向为区域经济、经济地理、资源环境管理等。主持国家自然科学基金 1 项，主持国土资源公益性行业科研专项分课题 1 项；在国内外知名期刊上发表学术论文近 20 篇，代表性论文见诸于《地理科学》《地理研究》《人文地理》《经济地理》《国际城市规划》等刊。

李贵才，北京大学教授、博士生导师。主要从事人文地理学、城市与区域规划及土地科学研究。现任北京大学深圳研究生院城市规划与设计学院院长、未来产业技术研究院院长，北京大学（深圳）未来城市实验室主任。主持或作为主要参与者承担"基于功能网络的区域城市化生态环境效应及调控机制研究——以大珠江三角洲为例"（国家自然科学基金重点项目）、"村镇区域空间规划技术研究"（国家十二五科技支撑课题）、"内陆开放区土地规划和监管技术研究与示范"（国土资源部公益性行业科研专项）、"大珠江三角洲城镇群协调发展规划研究及粤港澳共建优

质生活圈专项规划"（粤港澳合作项目）、"深圳市城市总体规划（1996—2010）"等国家及地方重大和重点领域的科研实践项目，并获多项国际、国家及省部级奖项。在国内外学术期刊发表论文百余篇。

经济合作与发展组织

经济合作与发展组织（Organization for Economic Co-operation and Development，OECD）是唯一一个由 30 个民主国家共同合作以应对全球化带来的经济、社会和环境挑战的论坛。它处于观察、识别及帮助政府应对发展中新情况及新问题（如公司治理、信息经济和老龄化挑战）的最前沿。该组织为各国政府进行政策经验的国际比较、寻求共性问题的解决方案、识别能较好实现国内外政策接轨的具体工作及实践提供平台。

OECD 成员国有：澳大利亚、奥地利、比利时、加拿大、捷克、丹麦、芬兰、法国、德国、希腊、匈牙利、冰岛、爱尔兰、意大利、日本、韩国、卢森堡、墨西哥、荷兰、新西兰、挪威、波兰、葡萄牙、斯洛伐克、西班牙、瑞典、瑞士、土耳其、英国、美国。欧盟也参与了 OECD 的工作。

OECD 出版物广泛传播其搜集整理的各国统计数据，经济、社会及环境问题相关研究成果，以及组织成员国间缔结的公约或推行的导则和标准。

打造区域竞争力
战略与治理

前　　言

本报告分析 OECD 成员国政府在提升区域经济竞争力方面采取的战略措施及与之配套的治理机制，这些机制是战略实现的基础。该报告主要基于 OECD 在国家层面及地区层面的一系列研究成果。

第一部分"战略"篇共有 3 章。第 1 章先简短地介绍竞争力的概念，接下来探讨近年来"竞争力"的概念如何应用于区域层面及如何政策化。总结出两大类政策：企业相关政策及区域层面政策（主要与建设有利于企业发展的商务环境相关）。第 2 章分析可提高企业生产力的主要政策措施，主要聚焦于以下三类旨在提高企业创新能力的政策措施：科技园区等科技创新载体的建设，产业集群政策，产学研结合机制。第 3 章在识别影响区域商住吸引力的主要因素的基础上，探讨了区域如何建设有利于企业发展的商务环境。第一部分的结论是：区域竞争力相关政策，从根本上对中央及地方政府在政策制定和实施上提出了新的要求。正因如此，OECD 成员国治理体系中一些明显的变化趋势就显得日趋重要。

第二部分"治理"篇着重分析这些国家多层级治理机制，结果表明其呈现出更具合作性的实践转向。这部分共有 4 章。第 4 章首先探讨中央及次中央政府的纵向关系，特别谈及不同层级政府间合同安排的优缺点。需要指出的是，中央政府各部门/部委间的协调合作是政策能在低层级政府间有效传达的重要前提条件。第 5 章分析地方及区域政府的横向协调合作，尤其是市际合作及能促进这种合作的不同地方性制度结构。由跨辖区合作的分析拓展开来，接下来强调跨境治理结构的日益重要性。第 6 章探讨私营企业和民间团体等多层级治理中出现的新角色，并阐述中央政府在促进公私合作中的作用。第 7 章针对上文提及的不同治理框架存在的三个共性问题（双重政策目标、地方政府能力建设的关键问题、评估存在的困难与不足之处）提出建议，为多层级治理相关问题的探讨作结。

致　　谢

　　该报告主要由 Claire Charbit 和 Andrew Davies 撰写，Adrienne Hervé 参与撰写。除引用 OECD 区域评论（OECD territorial reviews）相关数据，该报告还引用了欧洲政策研究中心（EPRC）主任 John Bachtler 提供的材料及意大利都灵大学 Luigi Bobbio 教授、加拿大魁北克大学蒙特利尔分校 Jean-Pierre Collin 教授、法国巴黎大学 Gerard Marcou 教授和比利时布鲁塞尔的专家顾问 Paul Vermeylen 于 2003 年 6 月在 OECD 多层级治理论坛上的汇报成果。

目　　录

概　　要

第一部分　战　　略

第二部分　治　　理

概　　要

区域政策制定者面临的挑战在于提出在不同区域背景下都行之有效的政策

近年来，区域政策主要聚焦于保持增长，要求不仅要处理增速相对变缓问题，而且要着力于提升区域竞争力。这意味着区域政策的转变，从对落后地区进行财政补贴或其他再分配式援助转向为提高企业生产力及鼓励私人投资，同时也强调区域内生性资产（如自然环境）发挥作用。

然而，这些政策措施的具体实践是相当复杂的，因为不同区域（城市、郊区、工业区及农村等）具有不同特征，也就意味着存在不同的政策和投资需求。所以，制定提升区域竞争力政策的首要原则，是要满足不同区域的不同需求。

所有案例中，区域竞争力相关政策都对治理方式提出挑战

区域竞争力相关政策给政府治理模式带来巨大挑战。一是其实施依赖于不同部门（如研发和教育）政策的有效融合；二是需要不同层级及相邻区域政府之间的密切合作，更不必说要建立资源共享机制；三是要求规划与空间发展（功能分区及网络基础设施建设等）高度协调。与选择发展战略同等重要的是构建战略实施的框架。

企业政策逐渐聚焦于创新培育，但具体的政策手段似乎更利于发达地区

基于知识创新的发展战略逐渐成为新区域政策的重要组成部分，且显然渐渐趋向于在现有的、内生性资产的基础上构建。国家和地方政府正重新制定政策导向，强调公共政策在创建或促进重要经济体间系统交流和整合的过程中所起的作用。这种政策导向基于以下共识，即知识创新及传播所依存的区域创新体系是生产力发展的重要决定因素。本报告对其中最常见的三种类型进行评价。

1）基于房地产项目的政策：开发科学园、科技园和其他产业园，通过将企业设立在相同区位来促进企业关系网络的发展及技术开发和转让。

2）产业集群政策：通过提供公共服务等措施，促进产业集群内企业间建

立合作关系，打造统一的出口及市场平台，实现对现有的或发育中的企业团体的支持。

3）产研结合政策：知识创造者和知识使用者结合，可以有效促进科技系统发育，推动创新扩散，实现更好的创新商业化模式。

上述三种政策手段，各有其显著优缺点，且这三种政策可相互补充。显然，在寻求强调知识和创新的区域政策时，上述政策无论是单独使用还是联合起来，都很有吸引力。

这些政策手段在其他地区必须调整，且其效果面临弱化风险

单纯强调知识和创新的政策有一定局限性。尤其是其有赖于一个假设，即区域至少拥有适度的"知识基础设施"发展水平，且地方企业具备一定创新能力。本报告讨论的三种政策措施显然更适用于相对发达地区，在高新区和高薪区都能取得最佳效果。比较而言，在事态较难控制的情形下及复杂背景下，若想政策能形成区域影响且符合成本效益原则，必须对其进行显著调整。然而，目前为止的实践表明，调整后的创新导向区域政策容易削弱其区域影响力。例如，在相对落后地区建设规模宏大的科技园，其影响力往往有限，这就是所谓的"沙漠中的城堡"。产业集群政策发挥作用所需的条件在郊区和农村地区极为少见（如产业专业化、网络文化等）。技术学院的高度参与对政策制定者来说，是区域发展的重要途径，然而，能否做到高度参与取决于相关教育机构的教学质量及其目标的灵活性。其他措施，如吸引外商直接投资（FDI）和培育企业家能力，对重要经济中心以外区域的影响不一而足。

政策应关注如何创造有利环境促进商务活动发展

目前，区域政策（包括知识和创新相关政策）制定的出发点是因地制宜地开发区域正外部性，发挥未被利用的潜力。政策引导手段倾向于提供公共物品，创造所谓的"有利环境"和提高"地区品质"，来提升整个区域功能及其吸引力。这些政策以前多属于社会或环境政策范畴，现在越来越多地围绕打造区域竞争力框架制定。

创造有利环境，其重点是投资物质基础设施，但基础设施投资面临越来越多的限制。特别是新基础设施建设成本大幅提高，而现有基础设施维护成本所占比重也日益攀升，其结果就是政策制定者要寻求更加有效而又经济的战略。

理论上来讲，区域环境投资应致力于激发区域已有的正外部性，而这种正外部性能通过吸引资本、人才、技术更密集的产业或产出效率更高的经济活动来产生经济增长效应。政策制定者所要做的就是找出因故（如偏远地区、地处城市落后地区或处于政治行政边界等）经济活动受限的地区其外部性的源头。

农村政策应强调挖掘信息通信技术及环境舒适性潜能，为企业发展打下基础

近年来，农村经济逐渐走向多元化，农村发展的概念发生变化，逐渐转向到那些既能维持传统部门发展，又能扶持新型经济活动出现的部门和非部门经济活动。竞争力战略在农村地区的应用还处于起步阶段，但对政策制定仍具有重要影响。在农村政策中积极加入竞争力战略，使人们采用市场导向解决方案来处理农村问题的兴趣日益提高。其中有两方面显得尤为重要：

1）对大部分经济部门来说，通信基础设施具有节省时间及提高生产力的作用。信息通信技术（ICT）在乡村地区应用越广泛，政策制定者越愿意扶持乡镇企业的发展，也更愿意调整产业集群政策，使之适用于乡村地区。

2）环境舒适性为农村地区开展一系列经济活动提供基础，这些经济活动主要和旅游相关，也包括支持中小企业或作为创业焦点的一些产业。

尽管城市地区一般容易接受创新导向政策，政府依然面临政策调整使之本地化的问题

一般来说，提升城市竞争力的政策侧重于发挥它们在"知识基础设施"及多元经济主体互动的深度和广度上所具备的相对优势。根据前面提及的，本报告探讨的创新导向型政策一般适用于城市地区，且成功运用这些政策的案例多在大都市区及其周边区域（尽管也有例外）。

在这类案例中，城市环境舒适性策略有助于创造有利环境

虽然如此，政府仍然关注产业结构调整面临的挑战及在特定城市区（既可能是市中心，也可能是郊区）维持经济和社会活力所面临的问题。在这类案例中，政策制定者意识到，除了要重视针对企业的直接政策措施，还必须重视更宽泛的城市环境质量。在这方面，OECD为提升乡村地区环境舒适性制定的政策框架，在某种意义上也同样适用于这些城市地区并值得推广，尤其是在土地利用方式转变及衰败社区再生项目上所进行的集体或公共物品市场建设，以及为支持联合行动及公私合作伙伴关系而进行的政策工具开发方面。

跨界区域对竞争力战略及其治理提出双重挑战

跨界区域代表另一种情况，提升这类区域竞争力的全面战略通常既包括创造有利环境，也包括直接促进企业发展。跨界整合问题为政策制定者针对特定区域提出因地制宜且与国家目标融合的发展战略所面临的一系列挑战提供了很好的示范。

软环境的质量在很大程度上是由当地竞争性公共物品和服务集体供给的质量决定的

强调区域商务软环境质量直接引发了人们对区域提供的服务和公共物品质量的关注。企业，尤其是中小企业，依赖于区域软环境来为他们提供不同类型的当地竞争性公共物品和服务。这涉及不同类别主体的共同参与——地方政府、区域政府和中央政府、私营企业或非营利组织等——以保障政策规定的适宜性、相关性和高质量等。例如，区域创新体系依赖于产学机构、不同规模企业、不同部门（如培训和就业部门）之间的有机联系。对中央政府来说，预算和战略一样，涉及不同行政部门。在分权化背景下，不同部门必须在不同层级政府权限之下行使其权利。这样一个系统中包含的不同行为主体和部门之间的合作可定义为多层级治理机制，它对提升竞争力有直接影响。

而公共服务的高质量供给越来越依赖于政府和非政府部门关键角色之间合作发展的进程

旨在提升本地与区域竞争力的治理新模式，和许多发展战略一样，越来越趋向于彼此合作。无论是纵向（低层级和高层级政府之间）和横向合作（有两类：中央各部委间、各区域或各市镇之间），还是不同利益相关者之间的合作（基本上是公共部门和营利或非营利性质的私营部门之间的合作），都是如此。这些不同形式的合作在具体实践中能被整合到同一个系统，如墨西哥或捷克的"微区域"。

中央和地区政府间的纵向联系至关重要；合同是使其关系规范化的一种方式；但中央各部委间的协调是政策纵向衔接的前提条件

鉴于多层级治理机制的复杂性，亟待解决的主要政策问题是：在一个合作而非等级系统中，哪种组织或制度手段能促进中央和地区政府主动合作？本报告讨论了近期试图回答该问题的主要创新方法，即运用合同管理方式确定不同层级政府之间的权责和利益分配。跨层级政府间的合同是一种妥协，试图调和分权化趋势与中央政府要尽到维护整体一致性和连贯性职责所带来的冲突。由于合同管理系统建立在双方协商基础之上，比传统纵向等级权利结构下的自动财政均衡机制能更好地适应区域联合发展项目。当然，签订合同也有风险和缺点，这主要跟合作伙伴之间关系的性质有关，而且，这也直接导致合同中引入激励不同利益团体充分参与及履行合同义务的机制。虽然依然存在许多有争议的问题，但是一般说来，基于合同管理的区域发展应致力于：

1）保证地方政府的权力；

2）保留中央政府与其他角色协商的权力；

3）将合同聚焦于少数关键项目，从而为地方其他发展目标留下空间；

4）保证项目进程的透明度，且至少在合同拟定的某些环节提供公共参与的机会。

只有中央政府能确保各方协同行动,而各方协调合作是这种类型地域发展政策成功实施的前提条件。专职机构或其他更灵活的体制机制能使合作更顺利进行。

区域和地方层级的密切横向合作具有显著的成本优势且效果良好

城市间密切合作具有两方面重大意义:一是提升当地公共服务的成本效益;二是通过强调功能分工而非行政界限,提高开发项目的连贯性及其影响力。总体来说,自发合作比中央政府安排的兼并,成功概率更大。确实尽管城市兼并理论上具有明显优势,在现实中却并未得到证实。

但这种合作须得到中央政府扶持(而非强制),且要依据区域特性做出相应调整

市际合作在制度上给地方政府保留了更多权力及自主性。但即便如此,仍需要寻求可行的折中方案,解决必须设立中间机构管理联合项目和避免区域治理结构过于复杂之间的矛盾。而且跨区机构往往缺乏透明度。解决这些问题的一个办法是在任命跨区管理机构成员的过程中保证透明。

评估结果显示,构建多部门共同开发项目比基于专业化管理或基于某一特定公共服务供给的合作项目更有效率。这使经济发展决策(根据定义显然是多部门的)能在功能上实现规模经济。在此情形下,中央政府的财政激励或根据区域本身特性(大都市、城乡及偏远地区)进行市际合作类型相应调整,能激励各方参与。

跨境合作需要因地制宜、灵活变通,同时给予当地私营部门更多话语权

随着国际上以下两种发展趋势,跨境治理问题日益受到关注:一是超国家层面的整合正逐步减少国家之间的贸易壁垒;二是权力下放使地方政府拥有更多的权力。这两种趋势使跨境合作的可行性及其潜在利益均有所提升。

欧洲和北美采取的措施迥异。欧洲跨境政府踌躇满志,但通常并未实现其预期区域发展目标。相互协调及共同决策耗费的成本往往超过预期收益。用以

支持跨境合作的繁多的体制机制和政策网络体系,并未自动促成新的解决地方和区域发展问题的公私联盟。在公共机构高度参与且其具有立项及执行方面的直接话语权时,合作能取得最佳效果。

与此不同的是,北美大陆上的治理结构更灵活,目的更明确且更聚焦,能更好地应对某些具体问题,且多是由私营部门和地方政府发起推动的。北美地区区域整合的动机更多的是由直接经济利益驱动。

对于很多需要寻求激励机制促进区域整合的案例,本报告认为:更多地考虑经济整合问题,允许本地私营部门在整合方向中有较大发言权,此二者似乎很重要。

不管是营利还是非营利的私营部门,在决策及政策实施过程中的参与都能提升区域竞争力

尽管中央和地方政府间、地方和区域政府间合作更密切,人们越来越意识到,纯粹政府干预有其局限性,而公私合作伙伴关系(PPP)能实现公共部门和私营部门之间更好的合作。公私合作伙伴关系一个主要的传统优势是在公共部门和私营部门之间分摊成本和风险,充分发挥私营部门所具备的专业性和规模经济的优势,而这是公共政策较少涉及的。公私合作伙伴关系的主要风险与信息不对称及协议各方诚意相关。基于这些考虑,必须重视更具包容性的公私合作伙伴关系。在这种公私合作伙伴关系中,不管是营利还是非营利的各种地方利益集团,都可参与区域开发项目。从公共政策视角来看,一些突出的问题包括:

1)地方政府机构亟须引导,应尽可能制定标准化流程供其参照以进行公私合作项目的选择与运作。这不仅出于竞争规则考虑,且对接下来遴选最佳合作者、评估公私合作效益以及与其他行政区信息共享等都有助益。

2)地方企业应参与致力于区域发展的公私合作项目。作为公共服务对象,他们最清楚自己在基础设施、培训等方面的需求;而作为公共服务提供者,他们又能比那些较少产生直接联系的参与主体更清楚如何改善政策效果。在不违反竞争规则的前提下,给予当地企业适当支持并刺激他们参与公私合作是有意

义的。中小企业参与尤其重要。同理，也应鼓励市民组织和其他非营利组织参与公私合作项目。

横纵向合作机制面临的最大挑战是提升当地参与主体的能力

想要治理体系中上述各种创新产生积极效果，必须重视关乎能力建设的一些因素，如公务员职能的转变，派遣行政官员到私营企业或组织，对本地非政府组织（NGO）有针对性地进行培训，等等。这些方案其目的就是提高多层级治理体制中不同主体的具体实践水平及彼此之间的信息交流水平。

另外，不同层级政府间、公私部门间的合作安排本身就是重要的能力建设手段。因此，这里提出一个重要建议，即这方面（各方权益分配本身作为一种能力建设）应该从一开始就加以重视，包括明确界定发展目标及各方参与主体的预期表现。

另一方面是要完善评估机制，包括对无形成果的评估

公共服务组织与供给相关的合作安排所产生的附加价值问题有待解决。物质资本投资成果是有形的，可以考虑进行成本效益分析，但这还远远不够。竞争力相关的许多关键因素是无形的（如不同主体间的相互联系和关系网络），这使得许多绩效指标不尽如人意，如当地受益者在决策委员会中的比重，通过服务本土企业产生的地方和区域收益比重，公共或半公共区域开发机构指导下成立的新增企业数量等。尽管这些指标对科技园区或其他实物或实体投资绩效的经济评估来说是有益的补充，但也不能完全反映出治理方式本身带来的附加价值。对于附着在多层级政府治理机制中的能力建设，尤其如此。

在多层级合作情形下，从一开始就要重视评估的问题，且有必要建立适当的工作进展报告制度。如缺乏这样的评估框架，在合作关系和合同机制中通常会包含的财政刺激和处罚措施就往往难以实施并进行检验。

政府需要接受并鼓励新的制度尝试

在对区域政策新的发展目标和手段引起的问题缺乏最优解决方案的情况

下，政策制定者必须尝试当前背景下可行的政策。为促进这些政策的主流化，中央政府应在适当情形下，对鼓励区域层面的制度尝试及其评估的政策予以支持。这样的政策，如对具备资格的项目予以挑选并给予政府补助，可以促使区域层面的相关创新得到更广泛的传播。

第一部分　战　　略

第 1 章　区域竞争力

1.1　OECD 成员国不断变化的区域政策

政策制定者大力推行竞争力战略反映出竞争优势对国民经济的促进作用日益得到重视。OECD 成员国政策制定者一再强调要提升本国竞争力，是为了与其他工业化或发展中国家（或地区）相比能维持其经济地位，并能应对人们认为存在的生产力差距、在流动性投资上存在的竞争、高新技术和电子商务的快速应用等一系列挑战。虽然措辞和侧重点不同，政府和非政府部门关于竞争力的定义还是有一些相同的基本元素和假设。一是提升微观或企业竞争力是提高宏观经济绩效的一种方式；二是企业竞争力提升带来的好处最终能实现区域整体生活水平的改善，甚至于相邻地区或与其经济联系紧密的地区也能因经济溢出效应而受惠；三是竞争发生在一个开放的（跨国界的）市场环境中，也在其中经受考验，只有可贸易部门中相对生产率较高的部门才具有竞争力；最后就是，地区间竞争也像企业间一样，争夺"市场份额"[1]。

竞争力的概念逐渐拓展到区域层面。由于一些企业能因地理位置接近原料和其他实物投入（原材料、土地等）、供应商、市场、交通基础设施等而获得总体或特定方面的优势，因此可以得出结论：不同区域有不同资源禀赋及不同吸引力水平。迈克尔·斯托帕（Michael Storper）将区域竞争力定义为，区域吸引并留住优质企业，且保持稳定的或上升的居民生活水平的能力。熟练工人及投资会被吸引到更具竞争力的地区。"结构竞争力"通常用于描述区域支持和吸引这种（即包含更熟练工人及更多资金的）经济活动的能力。"区域资本"也用于表征相较其他地区而言，一个地区所具备的能提升其竞争力的一系列属性。

尽管竞争力的概念纳入区域层面的历时尚短，但对政策风向已产生重要影响，特别是它促使人们重新关注一种新型区域政策。大多数 OECD 成员国于 20 世纪五六十年代开始就运用区域政策，这些国家在该时期具有较高经济增长和财政扩张速度、较低失业率，当时的政策目标主要是追求公平，主要政策手段是中央政府通过财政转移支付及大规模公共投资进行再分配。20 世纪 70~80 年代初，全球经济持续震荡，导致许多国家出现失业问题并产生空间聚集，区域政策迅速调整，予以应对。早期政策主要关注降低区域差异（在收入和基础设施存量资产等方面）。而当时，创造就业机会也成为区域政策关注的焦点。在这种情况下，指导性理论假设公共政策能改变供给情况（主要通过生产补贴和奖励措施改变生产成本），进而影响投资（或企业）的区位选择（或再选择）。

然而，总体来说这些政策效果不尽如人意：区域差异问题在许多国家积重难返，并未得到显著缓解。在区域层面，这些政策在调整目标区域经济基础方面的作用也很有限。以吸引外来投资的区域政策为例，许多地方政府试图吸引外商直接投资，最初目的是创造就业机会，同时也预期通过溢出效应提高技术水平和管理能力等来造福本地企业。然而很多研究表明，多数情况下引进的工厂或设备在通过提升本地企业生产力来促进经济发展方面作用有限。一般来说，这些工厂的分支机构难以嵌入当地生产系统，与当地供应商之间的联系也处于较低水平。大多数外国子公司将研发保留在母国，因此表现出较弱的创新倾向，很少涉及研发，也缺乏与本地创新体系的联系（Pavitt and Patel，1991）。苏格兰所谓的"硅谷"经验就是最佳案例。20 世纪七八十年代，大量高新技术企业进入苏格兰，包括 IBM、Hewlett Packard、Motorola、NEC 和 Compaq 等，这些企业在苏格兰地区创造了大量工作岗位，且依托于这种外来投资战略，苏格兰在摆脱对衰退重工业的依赖方面取得巨大成功。截至 1990 年，电子制造业产值占制造业比重达 20%，出口比重达 42%。该政策将 1995~1999 年半数区域选择性补助资金赋予苏格兰地区的电子制造业，对其进行大幅激励。但是，外资企业和本土企业的联系并未实现预期效果，如本地局地材料只占总体材料的一小部分；且局地材料大部分应用于低端行业，如包装、塑料、橡胶和金属零件等。

20 世纪八九十年代，区域政策逐渐从政治议题中消失。在经济持续低迷、失业率普遍提高及公共开支压力持续增加的情况下，这些项目的大额拨款变得无法维持。为避免出现糟糕结果，区域政策也在不断演化，由原来自上而下、为缓解区域差异而设计的一系列基于补贴的干预，演变为提高区域竞争力的一系列政策。这些区域政策的特征包括：

1）有一个涵盖影响当地企业绩效的直接或间接因素的战略构想或发展战略；

2）关注内生资产，而非外来投资或产业转移；

3）强调发展机遇而不仅仅是规避劣势；

4）实行一种包含国家、区域、当地政府和其他利益相关者的群体性（或协商性）治理方式，改善中央政府的绝对支配地位。

区域政策的这种所谓"范式转变"，在许多 OECD 成员国的区域政策改革中可以看到。例如，本地联系不太可能增加，甚至某种程度上表现出可能降低的迹象，促使苏格兰发展机构、苏格兰企业协会对其战略进行反思，并着手出台新战略（精明的苏格兰成功战略），该战略强调创新、人力资本及本地企业竞争力的重要性。爱尔兰地区也是如此，它在吸引外商直接投资方面也较成功，但近期也在重新制定其战略导向（Enterprise 2010 Ireland）。

1.2　竞争优势诊断与政策选择识别

制定能给既定区域竞争力带来影响的发展战略，要辨明区域竞争优势的来源或潜在来源。而各种各样的因素本身都可能会成为政策目标。一些因素本身具有国家或跨国家属性，因此超越区域战略范畴；而另一些因素在区域层面可能更易受到影响或进行复制。

许多影响企业运作或刺激投资的因素是通过地域间毫无差别的国家政策来进行约束的，如那些基于法律或规章制度的空间中立（space-neutral）政策。这样的案例包括促进技术和产品研发的知识产权制度。另外很多世界知名特区对指定区域内的企业放宽某些方面的管制。这种具有区域针对性的规章制度，作为一种克服本地化市场失灵及/或测试其应用于一般情况或国家尺度改革可行性的方法，在某些国家经受了检验（专栏1-1）。

专栏 1-1　有针对性的管理制度改革：日本的特区

将区域政策和体制改革紧密联系起来的一个典型案例是特区内的体制改革项目。该项目目标是通过开展有针对性的体制改革，消除某地某方面存在的发展障碍，激发私营部门活力。这些特区由当地组织（主要是政府，也有当地财团）基于其对可能直接受益于某一国家规章制度或法律修正的区域评估的结果而指定。其基本假设是日本经济发展的瓶颈大部分是由于本地化因素或局地性因素，因此，通过放松特定情况下国家制度管理框架能促进当地及国家经济的共同发展。其基本理念是当地参与主体对其在特殊豁免或特殊待遇方面的需求最为了解，因此是提出这些需求的最佳人选。国家政府事先并未给出相应范例，当地组织必须和其他地方进行竞争，证明其方案对当地和国家都会产生影响。当地参与主体在提交计划之前必须进行内部组织和安排，将在特区内执行这些特殊政策措施可能产生的问题或压力（如可能对相邻区域并不适用或需要平衡各方利益关系）在本地予以协商或得到妥善解决。该项目因此促进了分权化趋势下需要逐步加强的地方能力建设、地方自治以及区域横向合作机制建设。

毋庸置疑，涉及地理区位、资源禀赋和区域特征的其他因素也同样重要。通常，这些因素可以通过政策途径对其加以利用——如开发政策会寻求利用区域作为交通节点或边境的区位优势——但是这些因素通常难以复制，因而超越了公共政策的范畴。除了地理区位，这些因素还包含作为采掘工业的原材料（如石油和矿物质资源）产地。一个合理的假设是，许多地理因素或资源禀赋所起的作用随着运输时间及成本降低而呈现减小趋势。不过，依然还有许多区域将资源禀赋作为其主要比较优势，1998 年的一项关于 OECD 农村地区的调查证实了相当一部分运作最成功的农村地区就表现出这样的特征。

撇开这些无法复制的因素，OECD 的研究显示有两类基础性的因素能通过政策作用加以改变：①和经济活动直接相关的因素（主要与集聚经济有关）；②对经济活动有间接影响的因素（主要与城市化经济有关）。

1）直接因素：单个企业从其内部组织、管理方式、内部创新、产品开发和市场拓展等方面获得比较优势。一些地区经济由少数有活力的企业主导；而在另外许多地区，和企业集团或部门有关的群体特征能促进生产力提高。这些群体特征优势——在产业集群或生产系统中常见——来源于当地产业或部门的历史发展，及其与区域、企业规模和结构、专业化水平（与产业专业化生产相关的集聚效应以及与较强的创新能力和技术工人集中等相关的溢出效应）、先进技术利用及商业网络实践应用等之间的联系。

2）间接因素：区域层面的泛商务环境包含一系列能刺激或阻碍经济活动的因素，如交通和通信基础设施效率、当地税收和公共服务水平、保障性住房供应、教育机构的数量和质量等。这些因素与经济战略管理、地方政府领导水平及其为扶持现有企业、吸引企业落户、创建有吸引力的投资和就业环境所采取的方法密切相关。一般来说，人们比较关注企业政策大环境，以及那些能提高或降低生产成本的有形因素，譬如地方税收制度、交通基础设施等。但是，越来越多人意识到环境质量、社会稳定及其他因素对区域竞争力的重要影响，这些都是良好区域治理的结果。

为了确保制定因势利导而又符合国家总体目标及政策限制的政策措施，有必要转变关注很多潜在影响因素的做法，而采用设置优先次序、分析其在区域经济中的因果关系这种方法。OECD 的一些评论性研究证实了区域竞争力相关问题及国家和区域政策制定者进行战略识别的极端重要性。这些研究显示，有一小部分共同的成功因素，在最具发展活力的地区常见，对于一般性区域来说是其主要发展方向，而对于落后地区来说则是其不足之处。这些评论囊括多种不同地域类型，隐含彼此相关又有所差异的政策需求（专栏 1-2）。

专栏1-2 不同区域类型与不同竞争力战略的一些案例

1）知识导向型城市区域。创新导向发展战略在某些区域成功历程中扮演着十分重要的角色（如赫尔辛基、厄勒海峡、首尔和蒙特利尔），也在逐渐成为其他区域（如格拉斯哥和墨尔本等地）的愿景及首当其冲的政策。这些大都市区或城市区域都具有一些相似特征，如都拥有众多的人口，良好的基础设施和教育设施，以及国际国内对其服务的强烈需求等。对这些地区来说，竞争力政策的重点是如何利用这些有利条件，使其对提高区域竞争力发挥作用。

2）转型中的城市区域。还有很多相对小点的城市区域，他们通常具有深厚的工业传统积累，高质量的基础设施，有时还有良好的科研能力，但是其专业化生产部门正在衰退。这些城市和区域正在"知识导向型"高增长、高收益区域环绕下夹缝求生，这样的案例包括纽卡斯尔、贝尔法斯特、香槟亚丁省和贝加莫，它们内生性资产很强，但却没有很好地适应当前经济条件；其竞争力政策强调劳动力技能和产业生产专业化转型，包括如何促使区域教育机构在其中发挥更大作用。

3）专业生产制造区域。这些区域具有适度人口密度但是有密集的基础设施网络，在不多的几个经济部门上拥有相当可观的规模。这些区域包括中央瓦伦西亚地区、摩德纳、锡耶纳（包括其他一些在意大利和法国的区域评论中提及的几个地区），堪培拉也是沿该轨道发展。这些区域的发展依赖于其通过强化经济主体间（科研、政府及本土或外来企业）正反馈机制的一种产业结构来吸收、运用新知识并应对国际压力的能力。这些区域需要维持并强化保持其较高生产力的关系型资产。

4）乡村区域。这些区域无论是人口、基础设施，还是上述特定企业组织形式都无法给区域带来外部经济或是高于平均水平租金的机会。这些区域的极端例子是那些偏远农村地区，如Tzoumerka和特鲁艾尔，也包括那些虽不存在严重地理障碍但物质和知识基础设施严重落后的区域，如Moravska Trebova-Jericka。这些区域的内生性资产不太清晰。然而，随着对农村地区需求，特别是对农村休闲功能等的需求不断增加，这些地区的环境价值有望增加。

接下来两章将分析成员国政府提升区域竞争力的一些具体行动。主要集中于：①提升企业竞争力或生产力的政策和手段；②改善作为企业区位的地区品质相关的政策和手段。

第 2 章 有竞争力的企业：
促进知识及技术创新的政策

2.1 区域的竞争优势：开拓地理邻近及相互联系以促进创新

对于发达地区而言，目前区域产业政策创新多聚焦于提升本土企业竞争力，而这又导致对创新及区域内现有知识技术利用效率的重视。一方面，许多国家区域政策重新定位使其对区域创新体系及其构成要素产生了更深刻认识。另一方面，科技政策制定者更加重视区域特定因素，尤其是地理邻近性，在区域创新中的作用。企业竞争力培育政策强调集聚效应对知识创新及其扩散的作用，认为区域层面能为知识扩散提供更有利环境。地理邻近及常与之相伴的共同地域文化（如能促进隐性知识及其他专有知识共享和流通的一致做法、态度和期望）已成为"隐性"区域创新系统的基础。

大量学术研究证实了企业创新与区域内部主体互动存在关联。20 世纪 80 年代，从高新技术企业集聚到传统工业区竞争力崛起的一系列观察研究，促使一种新型产业空间组织出现 [2]。波特（Porter）提出的区域视角的创新体系，就是一个很好且影响广泛的例子。波特认为，区域之间彼此竞争，提供最高效的生产环境；最重要的并非产业本身，而是企业竞争方式及其对本地环境优势的利用。波特广受引用的"钻石"模型包含了四个方面主要因素：①企业的战略及其竞争对手的支撑环境（如刺激投资及/或技术更新的政策/法规）；②强烈的需求条件（核心是有高端的、有竞争力的和有大量需求的客户）；③相关产业和支柱产业（要有强大的本地供应商基础，且最好以产业集群形态出现；

本地供应商是产业创新和升级过程中不可欠缺的一环，也是其最大优势所在，因为产业要形成竞争优势，就不能缺少世界一流的供应商，也不能缺少上下游产业的密切合作；另外有竞争力的本国产业通常会提升相关产业的竞争力）；④良好的要素/投入条件（人力资源和物质基础设施等）。这个系统必须具有动态、开放的竞争环境才能充满活力（Porter，1990，1994）。

尽管该模型因缺乏灵活性而受到批评，但其解释了区域基于其自身资源能力，通过创新能力提升怎样激发区域竞争力的途径。Storper 的工作强调一系列"非贸易相互依赖性"（如劳动力市场、区域传统、规则和价值、公共或半公共机构等，基本与社会资本同义）[3]，并且将相关理念进行推广，产生了深远影响；这些"非贸易相互依赖性"有利于促进相互信任、合作和创新的环境和氛围形成。该理论得出推论为，缺乏"非贸易相互依赖性"是很多经济脆弱地区的典型特征，特别是在内生和外生增长模型争论中，那些存在较差本地嵌入性子公司的区域更是如此（Cooke et al.，2004）。相同的区位优势概念也被其他学者应用于强调循环累积因果关系和正向反馈关系（卡尔多和其他学者，包括克鲁格曼）、知识工人（Kanter，1995；Reich，1991）和创新系统中（Lundvall and Johnson，1994），还有能产生竞争优势的投资的嵌入性问题等（Dunning，1992）。这些理论得到了一些证据支持，如 Cooke（2004a）近期关于生物科技产业的研究证实地理邻近和知识转移的紧密关系。Cooke 发现，在企业紧密嵌入区域网络的地方，企业发展较之其他地区更好。

区域政策制定者开发了一系列促进知识和创新生产者与使用者之间互动的具体操作手段。总体来说，有三类（并行不悖的）政策其重要性日益突出：

1）产业园区政策。开发科学园、科技园及其他产业园区，通过将企业设立在相同区位促进企业关系网络的发展及技术的开发和转让。

2）产业集群政策。通过提供公共服务和其他措施建立产业集群内企业之间的合作，并落实统一的出口及市场资源，以此达到对现有的或正在发育的企业团体的支持。

3）产研结合政策。将知识生产者与使用者、科技系统和创新扩散、创新的商业化结合起来，其中包括科学园、技术服务中心和技术教育机构等特定模式。

2.2　构建地理邻近性：科学园、科技园和其他产业园区项目

通过创建高新技术产业空间提供扶持创新型企业发展的区位环境，是长期以来提升区域研究和创新能力的政策手段之一。科技园和科学园的发展可以追溯至市场驱动下科技集聚区的成功，如硅谷和 128 号公路。这些区域取得巨大成功，成为其他区域竞相模仿的典范。20 世纪七八十年代，伴随着宏伟发展目标及相应的大额财政预算和大型场地建设需求，出现了公共资金支持科技园区建设的浪潮，北卡罗来纳的科研三角区和法国的索菲亚波利斯地区是最为著名的两个案例。而这引发各地广泛应用此种发展模式，并根据区域属性进行相应调整。苹果（Apple）和惠普（Hewlett Packard）公司在类似环境下取得的成功，佐证了对创新型小企业而言，集中布局于同一区位是有益的。

2.2.1　区位集聚对企业有益，且能成为外商直接投资和创新创业基地

打造共享产业空间，其理论依据是从事专业化生产的企事业单位及其他科技组织之间的地理邻近性，以及能促进其相互交流的适当组织安排，能促进企业科技研发与创新。目前已形成以下基本模式：

1）由各国政府建立的大型科技园区（technopoles），作为空间规划与创新政策的一部分，其目的是布局（公共）研究中心并吸引大规模的外来高科技领域投资者；

2）在区域层面或大都市区层面，通常会依托大学发展科学园（science parks），其中大学参与科学园管理，其主要目标是鼓励大学衍生企业；

3）区域或地方政府开发的独立科技园区（stand-alone science parks），作

为地方上中小企业的孵化器，同时也吸引高新技术投资；

4）孵化中心（incubator centres），为单个中小企业提供空间的综合建筑（Longhi and Quéré，1997）。

产业园区起初很多是国家培育增长极政策的结果，其目的可能是为了巩固发达地区，也可能是为了向非核心地区扩散高端产业。法国和日本一直是该类增长极政策的领头羊。其最初目标是吸引高技术产业投资及技术工人至某区域。大多数科技园区为更好招商引资，布局或引进公共研究机构甚至大学，有时候针对某些行业配合政府采购战略，这些产业通常是战略性新兴产业，如军工、航空航天、核能和电子技术产业等。一些科技园区围绕大型跨国企业投资地进行开发建设。如法国格勒诺布尔市的 ZIRST 区，就是围绕早期三个重要的电子企业——汤普森（Thompson）、梅兰日兰（Merlin-Gerin）和惠普（Hewlett Packard）建设的。近年来，区域和地方政府发挥作用空间显著增大。区域和地方政府仿效国家大规模投资科学园区发展项目导致某些众所周知的失败案例，但最终也凝练出较小规模科技园这种同样有效而且靠地方拨款又能负担的概念和模式。

科技园区和类似方案被视为区域吸引外商直接投资的常用手段，在该区位它与本地供应商和研究机构能建立相互联系。外商投资被认为对当地企业部门具有显著的溢出效应[4]。当企业位于同一建筑设施内且都与某个组织网络有关，正如在科学园或类似载体内一样，这时能实现更高的溢出效应强度和速度。科技园区和科学园区都强调孵化功能及创业精神，规模较大的园区通常会包含企业孵化器。其目的主要是鼓励大型企业衍生和剥离，并为新生企业提供低于市场价格的支持服务。而科技园区是否能有效履行该职责主要依赖于专业化服务及技术支撑人员的能力与水平[5]。

2.2.2　唯有开展多方合作且长期坚持才能取得良好效果

通过对这些方案的最终结果进行评估，发现有效的科技园区具有三方面主要特征：

1）拥有一些基本"原材料"或大环境（特别在某个专业化研究领域），如充满活力的制造型和服务型企业，高教基础设施以及金融和人力资源；

2）拥有相互交流合作的机制，包括促进园区内合作氛围形成的组织机构和交流平台；

3）关涉产生并运用新的技术和知识、生产开发新的产品和生产流程、创造持久和稳定的工作岗位或成立新企业等附加价值。

显然并不是所有的科技园区或科学园都具备上述所有特性或强调上述所有方面。基于此，可将其划分为两种类型：

1）真正的高科技园区。会采取包含上述三种特性的更为全面和有力的一些措施（例如，美国市场经济驱动下的一些项目；法国的技术园区及欧洲和亚洲一些独立个案）。

2）准高科技园区。较少采取全面举措，通常会淡化高科技园区概念中网络联结和相互交流等方面，从本质上讲，是工业园区、商务支持中心或信息中心。

不同于其他的区域创新措施，很多科技园区涉及实体区位开发，这也就是这么多科技园区属于后者"准高科技中心"的部分原因。通常，实体建筑较易设计且易于形成有形的政治成就。相互交流及附加价值方面，其产生过程却更复杂，发展缓慢，也很难度量，因此很难获得资金支持。所以在很多时候，相互交流方面发展动力不足，而其他目标，特别是吸引外商直接投资，显得更加重要。就像上面提到的，当该系统的"原材料"或大框架满足条件时——如拥有受到高度重视的研发中心或有关联产业聚集，相互交流会取得最佳效果。在这种情况下，公共投资的主要目的仅仅是强化现有的经济活动形态。然而，在大部分情况下，基础条件需要改善，这需要长期投资和长期承诺。取得突出成绩的法国索菲亚-安蒂波里斯（Sophia-Antipolis）科技园区即属此例（专栏2-1）。

专栏2-1 索菲亚-安蒂波里斯科技园区：缓慢的演化过程

现今，位于尼斯附近的索菲亚-安蒂波里斯被视为欧洲一个重要科技园区。其占地面积为2300公顷，其中800公顷为经济活动区域。索菲亚-安蒂波里斯技术园区所设区域没有任何工业或大学传统，这是比较少见的；该区域仅有的一些资源和其主要经济活动——旅游相关。这些资源包括国际机场、交通基础设施、良好的气候条件及国际化氛围。这些初始条件有利于帮助我们理解这个区域是如何发展起来的，又是如何发展成现在的优势区域。

索菲亚-安蒂波里斯的发展可分为两个阶段。到 20 世纪 90 年代初，主要是依托外部资源逐渐发展起来的。该项目受惠于法国的地方分权政策，并成为法国一些大型企业的技术中心；同时也受惠于七八十年代跨国化经营的发展，此时美国企业将目光瞄准欧洲市场；大量的公共研究实验室和高等教育设施也在这里设立，它们促进了高质量劳动力市场的出现。事实证明，这种外生发展模式完全能满足这些企业的需求，它们能不断调整产品以进入新的市场。90 年代以来，该发展模式遭遇危机。好在索菲亚-安蒂波里斯能基于不断积累的资源形成新的、内生型的发展模式。与公共政策发挥主要作用的第一阶段相比，这一阶段不同参与主体通过企业的不同联合，逐渐形成新的模式（如电信村，包含了 ICT 行业涉及的所有相关方面，并且促成了大量交易）。电子通信技术，尤其与移动手机相关的技术，发展成为当地竞争力基础。当地的发展再也不是依赖于外部资源，而是依赖于当地企业和技术的发展。

来源：Longhi, 1999; Garnsey and Longhi, 2004

考虑到投资收益长期才能呈现出效果的特性，政策制定者需要考虑的主要问题包括：

1）科技园区导致的集群发展能有效促进相互交流与创新扩散吗？

2）科技园区是注定只能成为高技术产业飞地，还是也能成为区域发展战略的主要动力？

就上述问题而言，发育成熟的和徒有其表的科技园区都不难找到实际案例。尽管理论上而言，科技园区构成不同区域（或/和不同国家）经济系统发生交互作用的重要界面，但是因为其耗费不菲而广受批判，就像"沙漠中的城堡"，吸纳区域公共投资的大部分份额，却并未促进当地经济的有效发展。

总之，科技园区在三种类型的区域中具有最佳表现：

1）老工业区，在产业转型背景下，老工业区力求将建立科技园区作为其改头换面的一种方式，吸引其他新型产业，促进当地产业结构现代化；

2）城市区，提供规模效应以及基于高科技活动的集聚效应，并促进传统技术向新技术转变；

3）一些新型产业区，这种区域主要措施在于促进有活力的新公司的成立，尤其是含有较少传统工业的高科技板块。

为了缩减其规模、抑制其野心，将这些科技园区布局于并不适合其发展的地区或压缩建设方案预算，似乎并非合理发展模式。

科技园区的运营和管理也提出一系列治理上的重大挑战：

1）科技园区的建设并非局限于指定区位的建设，它也涉及不同种类基础设施的建设和发展，如高速公路扩张、公共交通衔接等。这需要区域创新战略和其他投资项目间密切配合、紧密关联，二者可保留各自不同的总体目标和时间框架。

2）许多科技园区项目涉及新区开发或旧区改造（这里指将现有建筑改为园区绿地）。这些新的发展影响环境、交通运输，甚至会影响居住区位，从而带来对整个地区的影响，因此，应成为城市内及区域间各方密切配合的目标。

3）为获取与"真正"科技园区相关的附加价值产生的好处，需要长期、大量投资。这些投资有时不可避免地会涉及来自国家、区域和超国家层面的各个部门的预算资金。例如，基于现有大学的科技园区通常会涉及区域大学研究能力/关注焦点的转型和升级，而这需要国家研发预算和项目来扶持相关研发活动。

2.3　建设关系资本：产业集群政策

无论是先进的城市区域还是乡村区域或是城乡结合部，相关研究往往重视生产活动专业化，因为专业化生产可产生并维持竞争优势。与之相反的观点是，地区专门从事有限几个部门的生产是危险的，而多样性才是创造力和创新产生的关键因素。主张产业集群观点的专家学者认为，与其专门从事特定产业甚或产品类型的专业化生产，不如促进一系列复杂的、需要多种技能且高度面向市场的相关活动的专业化。由于创新产业集群所带来的专业化可能会给区域带来灵活应对并抵御不利市场环境变化等方面的好处，因此其关注度越来越高。

　　不同国家的累积证据表明，产业集群内生产水平和工资水平比非集群要高，且"可贸易部门"产业集群（与服务本地的或资源依赖型产业集群不同）对区域整体繁荣和平均工资水平提高具有重要影响，这也是集群引发人们关注的另一个原因。波特的研究发现，"可贸易部门"产业集群对提高区域产出和工资水平有贡献。日本经济贸易产业省和意大利银行的类似研究也表明，产业集群和较高生产率之间具有相关性。针对生产率优势来源的研究主要关注劳动力和知识在本地经济系统中流动，及其对促进创新观点产生和新产品技术开发所带来的正面影响。在较具活力的高新技术产业集群，不同企业之间的个人交流比非集群区更高。有人提出这种观点，"交叉"（或碰撞）及创新是硅谷模式成功的重要动力之一（Saxenian，1994）。这种观点得到了一些实证研究的证实。例如，斯德哥尔摩 ICT 企业集群的成功证实了集群企业间劳动力的流动性比其他劳动力市场更高，企业内部流动性也比其他同类私营部门企业更高（Power and Lundmark，2004）。

　　与此同时，也有一些研究质疑产业集群假说的有效性，认为集群的定义和测度方面存在的问题使集群相对绩效评估——特别是探讨其与非集群区产业表现的差异及其原因——结论可疑（Martin and Sunley，2003）。确实很多支持产业集群具有更高生产效率的研究是基于个案，而大规模的实证研究却很缺乏，不过意大利银行对国内集群展开的评述因其研究对象覆盖面最广而颇受关注（然而由于意大利是集群产生外部经济的最佳范例，因此从国际视角来看，结论依然存疑）。其他研究者发现，只有在生产过程中某些环节、特定行业或分行业才能产生强大的产业集群，这进一步使"产业集群能否作为经济组织的一般模式或公共政策的恰适目标"这一论点存疑。

2.3.1　实践层面：产业集群政策已成为区域战略重要组成部分

　　"经典的"意大利产业集群模式及其支持性的政策环境早就声名远播。然而最近，一些类似于赫尔辛基的案例，由于其产业集群并非纯粹历史发展的产物，而是受公共政策影响而产生的结果，这使得国家和区域政策制定者开始关注刺激集聚形成及关系网络建设方面的战略。赫尔辛基命运的翻转为如何运用产业集群策略使地区经济情势好转提供了令人信服的例证。赫尔辛基迅速取得高速发展产业部门的高度专业化，其结果非常成功。赫尔辛基案例中一个颇吸引人的经验是，高瞻远瞩的公共政策毫无疑问在经济发展过程中起了重要作用，当然产业结构的形成应该大部分归功于机遇，路径依赖也有一定影响。专栏 2-2 介绍了日本近期采纳的国家产业集群建设项目，其开发建设至少在某种程度上是因受到东京郊区一个由公共资金支持但由当地政府主导的网络体系建设的成功案例的影响。

专栏 2-2　日本的产业集群战略及区域模式

TAMA 网络

　　多摩区位于东京郊区。由于受到限制工厂生产等相关法律约束，企业为寻求不太拥挤的工业区纷纷搬离市中心和沿海地区，多摩区因此受惠并逐渐被工业化。该区域发展成为电子、交通、精密机械和其他先进技术分包企业的高度集聚区。20 世纪 90 年代，随着大型企业迁往海外并缩小生产规模，多摩区一些小型企业失去了大部分客户，TAMA 网络组织就主要通过开发新的技术、产品及成立新企业，促进东京大都市区西部产业的复兴与发展。同时该组织也促进产业互动，并致力于通过交流及共同研发项目加强传统上比较落后的产学联系，以催生促进新技术开发及产品商业化发展的协同效应。多摩区已建立技术授权办公室，旨在辅助专利和执照申请及促进研发成果商业化。多摩区创始人宣称，他们在提高政策制定者对这些部门企业的关注方面，在促进产学联系（这个区域的很多大学都规模小且没有技术转让经历，因此这个很重要）方面，以及在破碎化区域创建一个一体化核心区等方面，都很成功。

日本产业集群项目

　　1996 年关于中小企业的白皮书显示，与多摩区具有相同特征的企业能通过与其他类似的生产者及研究机构（如大学和实验室）形成网络，来维持其竞争力。在某种程度上受多摩区成功的鼓舞，日本经济贸易产业省 2001 年开始执行其产业集群项目，致力于建设 19 个区域各自的结构性资产。约 500 位来自经济贸易产业省地方分局的官员及当地约 5800 个中小企业，以及超过 220 个大学的研究人员合作，促进这些措施在三个重要领域的实施：①支持产业界、学术界和政府间的交流与合作；②支持基于区域特征的实用性技术的发展；③建设为企业家提供培训的机构和设施。大量的地方政府机构也积极参与经济贸易产业省的产业集群项目。由于这些集群项目建设经费大部分来源于当地财政，当地政府在企业政策中积极主动的态度及其能力就显得尤为重要。

来源：OECD Territorial Review of Japan，2005

产业集群政策实践项目的数量在过去几十年激增，并且表现为由原来扶持资源不足的小型产业网络，且不局限于某特定产业，转变为面向某一空间高度集聚的产业的综合性的、大规模的项目。作为区域发展战略的一种路径，产业集群政策与传统的刺激性政策存在差异，它聚焦于对多种经济主体构成的网络体系的扶持，而不是单个企业。尽管对于产业集群政策在多大程度上超越传统产业政策改头换面的范畴，依然有人存疑（Raines，2002），但它们整合了原来各自独立的政策单元，这确实极富创新性（Benneworth et al.，2003）：

产业集群政策从产业政策中吸收了产业发展重点及产业发展具体措施；从区域发展政策中吸收了对区域经济增长依赖于企业、机构（如大学）和泛商务环境因素（如劳动力市场和基础设施）互动的共识；以及从中小企业政策中认识到发展单个企业（尤其是小企业）能力、以克服其成长过程中所面临挑战的重要性……

Benneworth 等（2003）认为这些政策措施可以细分成三类：①支持现有产业集群；②支持已开始合作的企业；③促成非合作关系企业间的新合作。因此，对大多数区域来说，发展的第一步是准确理解该地区的经济地理及"关系"经济地理。许多大区域已经开始进行区域经济结构的审计，以明确识别哪些企业（群）可以成为共同扶持的目标。专栏 2-3 中的案例介绍了在航空和医药行业具有高度专业化的区域——蒙特利尔，它正在制定更综合的产业集群发展战略。该战略不仅考虑到集群中现有的不同产业类别，还将识别新的发展机遇。

专栏2-3 蒙特利尔的产业集群审计

对政策制定者来说，进行产业集群审计的首要任务是识别集群的关键特征，并理解其发展的不同动力和潜力。在蒙特利尔，该工作由"大都会经济高速发展战略"工作组组织管理。蒙特利尔的经济发展基于一些产业的高度专业化，基于初步研究，已成功锁定15个潜在集群产业：农业/食品生物技术、工商服务、旅游/休闲、航空航天、信息技术、生命科学、纳米技术、金属和金属产品、服装/纺织、交通/配送、塑料、合成材料、印刷/出版、化学和环境产业。这些产业被分为三类：现存/传统集群、新兴集群及散布集群（地理上并不集中）。由上述陈述可知，蒙特利尔的经济发展并不缺乏可依托的就业部门。问题是需要将区域经济的多股力量交织形成一个统一整体。

蒙特利尔产业集群战略制定的出发点是要从大都市区域的角度进行统筹安排。除非产业集群方案明确将大都市区域内各方都纳入战略框架，不然可能会使小城市和蒙特利尔这个新的巨型城市之间的关系更为紧张。产业集群战略的第二个基本原则是解决不同机构间职能交叉的问题，要根据已达成的一系列优先次序进行合理干预。考虑到有可能导致特定区位或特定机构拥护者间的冲突，确保在确定优先集群或优先措施进程中的透明度和聚焦度就显得很重要。正因如此，设置工作小组并让其基于优秀集群理念精心谋划区域发展战略，就是向前迈出了重要一步。尽管大量经济活动围绕不同的产业集群展开并形成了不同种类的基于集群的协会和委员会，但目前并没有针对整个大都市区的集群开展综合分析、诊断其优劣势并提出统一政策方案的实践。该工作小组的最终目标是遵循一种开放式方法，通过这种方法，初步诊断结论能得到证实，并且在公共投资级别与类型已知条件下，根据诊断启示能得出一致的政策结论。

来源：OECD Territorial Review of Montreal，2004

与区域科技中心或科学园不同，产业集群政策需要的资本投资相对较少。尽管如此，一些国家和区域政府发现，产业集群政策常需要密集的人力资源，并需要公共政策制定者和专业化经纪人/辅助商投入大量时间，从而使总体的

资金需求规模显著。苏格兰的案例提供了很好的参考（专栏 2-4）。

专栏 2-4 集群政策——成功需要全力以赴：苏格兰案例

苏格兰有若干个既有的和新兴的企业集群，这些集群的特征包括：企业之间紧密的联系和网络联结、专业化的支持机构和基础设施以及发育成熟的劳动力市场。苏格兰工商委员会是较早考虑集群发展潜力的经济发展机构之一。它从 1993 年开始研究，识别苏格兰地区的集群，并评估哪些产业集群能从具有明确针对性的支持中受益。苏格兰工商委员会因为没有尽力创建全新的企业集群而受到批评。相反，它优先发展那些已经展现出较强能力、业内人士愿意相互合作并与公共部门合作，且政策可能发挥作用的集群。

这是一个通过发展机构成功实施区域产业集群政策的例子。同时，必须指出的是，这个方法从一开始就得到了大量的资金支持，并且从一开始就耗资巨大。在 6 年内，该区域得到 3.6 亿欧元的资助。要总结出公共政策能如何帮助企业间、企业与其他主体间建立联系，这是一个长期和艰苦的过程。已得出的结果表明了投资的重要性，同时也说明产业集群审计是该战略走向成功的关键一步。

来源：OECD，Urban Renaissance：Glasgow，2002

政策措施常聚焦于为彼此联系的一些企业群体提供公共资源——如专业化基础设施或特定的技能培训项目，或鼓励企业与研究机构间建立联系。这些服务的目标群体应是企业群体而不是单个企业。一项支持产业集群的调查研究显示，有一系列行动在至少一个地方取得了成功，如（Rosenfeld，2002）：

1）区域经济分析和标杆管理，其目的是更好地理解区域经济作为一个系统如何运作，以及哪种政策杠杆可能产生最显著影响。采取的行动：集群识别，区域经济系统内部关系模拟及刻画，与其竞争者相比确定集群标准。

2）确立企业和机构的共同需求。采取的行动：认可集群协会地位，或在有未满足需求存在的情况下，创建集群协会；交流途径的正规化；促进企业间合作。

3）围绕复杂且相互依赖的企业需求组织并提供相应服务。采取的行动：面向集群内部的信息组织与传播，建设一站式产业集群枢纽，成立跨部门集群工作小组，设立产业集群的政府分支机构，促进外部联结。

4）建设专业化劳动力市场，提供更有效率、充分了解劳动力市场且能与雇主建立连接的劳动力。采取的行动：劳动力资格认证，优化集群学习环境，建设集群技能培训中心，促进教育机构与集群产业的合作，支持区域技术联盟，与非政府组织合作并资助低收入人群。

5）促进资源分配并吸引投资，以便发挥其对经济发展的最大作用。采取的行动：针对多企业项目的奖励或专项资金，集群的研发投资，支持欠发达地区申请国家和欧盟资金，资助关键基础领域（如教育、医疗和住房）以促进其发展。

6）刺激创新和创业以促成新观念、建立新企业。采取的行动：对创新和新兴企业进行投资，支持集群孵化器建设，优化企业支持网络，支持创新网络发展，建设科技产业集群中心。

7）区域品牌与市场营销。采取的行动：聚焦国内投资，促进集群发展，形成出口网络，开发区域品牌。

这些服务可以由不同角色提供，如政府、准政府机构或私营部门，每个部门都有其自身优势，例如，从达成合法性共识的角度来说，可能政府机构或协会更有优势。同理，当要提供的服务意味着要揭露敏感信息或要在潜在利益冲突间做调停，公共或集体的角色被视为具有更好的中立性和保密性。而专业化技能方面的需求由私营部门提供相关服务则更合理。风险，尤其是对先进区域而言，就在于集群政策推动的许多服务在市场作用下可由同样的私营部门提供。然而，在"知识基础设施"没那么密集的区域，这种专业化的私营部门供给者可能较难找到。

2.3.2 多元区域背景及多样政策途径致使政策评估困难

人们关注集群发展，主要是由于意大利工业园区及美国和其他国家少数几个区域新近建设的高科技产业集群取得了积极成效。一般来说，这些成功案例很难复制。尽管如此，OECD 在区域政策和区域评论方面的著作显示，集群发展是大多数 OECD 成员国区域经济发展政策的远大目标，这些区域包括城市郊区和农村区域，在这些地方，集群发展政策被看作是企业政策的低成本版本。该系列区域评论举例说明了在 OECD 成员国有许多产业集群，它们具有迥异的类型，在这样不同的背景下，政策制定者要制定有效的政策面临诸多困难。然而，尽管大部分 OECD 区域出现的企业系统与北意大利/硅谷模式呈现巨大差异，却有很多相同的竞争优势在累积——存在类似的正反馈机制及相互联系。例如，在蒙特利尔和赫尔辛基，这些地区的经济高度依赖于其产业集群（两地都有航空航天、生物技术和 ICT 产业集群），但是其产业集群特征却并不符合产业集群模型——譬如说大型跨国公司往往在集群中占据支配地位。然而，集群发展政策的模式却有可能形成该区域竞争力政策的基石：例如，蒙特利尔强调在现存产业集群和新兴产业集群内建立本地相关主体间的关系资产。更好地理解经典的"集群"法则在不同区域经济背景下（多数情况下只部分满足集群建设条件）如何影响政策形成，是未来研究的重点领域。

同时，对于大多数企业系统运行的机制所知甚少或太模糊加大了政策干预的难度。例如，两个关键的"未知"因素：①企业（尤其是中小企业）信息交流和合作渠道；②企业间及企业与其他区域经济主体（尤其是政府或非政府知识和技术生产者/扩散者）间，在交流方式、文化和管理模式等方面存在的鸿沟。针对产业集群提供的服务取决于政策制定者能清醒地意识到企业交流合作产生附加价值，然而现实中却常缺乏这种意识。

对于区域政策实施的绝大部分区域来说，显然需要对政策结果进行评估。然而，产业集群政策的影响评估存在很多问题。大体来说，概念定义越严密，测度越困难。换句话说，如果结果只是在企业的协同定位、接受的服务或安排的会议等方面进行简单测度的话，这种测度方式是相对可靠的。然而，如果对集群产生正面效果的定义是基于"非正式合作水平"或者"非正式知识溢出"，那么，政策对企业生产力改变的作用就变成定性的了（Martin and Sunley，2003）。而且，产业集群政策在大不相同的区域背景下运用，得到不同水平的基金资助 [6]，其结果就是，尽管各方有广泛的兴趣，其有效性与普适性依然有待证明。

2.4 产学研结合

直到最近，在很多成员国国家中，大学基本上被视为劳动力基础知识的提供者，且多与其他经济活动相对分离。然而，这种情况正在改变。随着大学毕业生就业面临的压力，工作技能逐渐提上高等教育日程，而且基于创新的竞争使获取大学专业知识和研究成果的需求不断增加，其结果是，高等教育机构被呼吁承担起一些超越传统教研功能的任务，如区域参与，城市规划，或与企业间合作，其中最重要的可能要数后者。

2.4.1 实践层面：产学研结合成为区域发展政策日益重要的关注焦点

除了传统的教研功能，为了更好地应对区域发展需求，许多高等教育机构已经开始采取一些措施，并通过自身调整转变为创业型高校。表 2-1 列举了高等教育机构与当地环境互动采取的主要方式（Lawton Smith，2005）。

表 2-1　高等教育机构和企业之间关系的分类

创新	
知识生产和知识转移	正式的研究合作
	与全球科技网络联合
	申请专利和许可证
	论文发表——如学术界和产业界联合发表的研究成果
	横向课题研究
	融合新技术的专业化及领军新产业
研究、专业技能及内部设施的技术应用	测试服务——如碳元素测定、设备检测
	应用的前景（如 X 光和激光）
	工程设计的工具和技术——包括模型、模拟和理论预测
	产品及流程开发
	装设仪器

续表

创新	
中小企业支持	原型开发
	咨询服务
	测试
	横向课题研究

企业文化、创业及集群发展	
企业建设	分公司
	科学园
	孵化器
	以集群为中心的技术支持
网络	建立学术与非学术界网络联系的网络服务商
	顾问服务
形象	区域市场营销与开发、提升区域品牌形象、组织展销会

人力资本	
招聘	大学生和硕士、博士研究生的招聘
培训	职业课程——技术和教学，如技术人员培训
职业	就业安置计划
知识的公众获取便利性	推广继续教育项目，开展公共讲座，普及图书馆、博物馆、画廊和运动设施的大众利用

直接乘数效应	
	职员、学生和访问者的费用
	购买产品和服务
	对旅游的贡献
	支持国内资本投资

管理	
参与决策过程	经济
	文化
	可持续性
	交通

续表

管理		
对可持续发展的贡献	对建成环境质量的贡献	
	对产权导向的城市更新的贡献	
	提供学生宿舍	
	对停车及交通问题的影响	
	其他土地利用问题	

来源：Patel，2002；Glasson，2003；由 Lawton Smith（2005）整理

尽管在校企互联方面，联系程度随区域和国家不同而不同，但是校企间相互交流却是得到普遍加强的。OECD 近期一项报告根据企业类型及其代表的技术领域，描述了几种不同的校企互联原理和机制，区分出三种主要关系类型：

1）跨国企业和世界级大学之间的联系。跨国企业正在寻求最卓越的实验室、科学家和学生，逐渐将其研发活动的一部分外包出去。

2）大学和小规模高新技术企业（子公司和知识密集型服务业）之间的联系。

3）企业（通常是中小企业）和当地大学之间在区域背景下正逐步发展起来的联系。这些企业通过该方式寻求短期的、解决问题的能力。

大学承担的这些新功能在美国特别常见。例如，许多公共研究型大学具有支持企业发展的长期任务和目标。关于大学-企业间联系的关键因素，最近有关美国最成功大学的一项研究强调下述方面的重要性：大学领导能力（是否具有支持经济发展与创新的使命）、教职工对此的文化认同和荣誉感、大学里积极有序的技术转移与创业激励，以及与相关私有或其他公共组织间密切的合作关系（专栏 2-5）（Tornatzky et al ．，2002）。

专栏 2-5　产研关系：佐治亚理工学院的案例

南部增长政策委员会最近的一份研究认为，位于亚特兰大的佐治亚理工学院是最具创新性的大学。作为一所著名的研究型大学，佐治亚理工学院和佐治亚州政府、当地社区及企业在许多聚焦科技的项目上有密切合作。

> 经济发展与技术转移相关活动在佐治亚理工学院经济发展协会及其上级组织经济发展与科技创投办公室下进行。经济发展协会在州内 18 个社区建立了区域技术转移机构，形成一个网络；而经济发展与科技创投办公室赞助尖端的技术孵化器和教职工研究项目成果商业化。许多其他学术部门，研究中心和大学的继续教育项目也支持其区域创新使命。佐治亚理工学院长期致力于区域创新，取得的成果包括：产学研合作规模迅速扩张、尖端技术支撑的经济发展项目取得进展、创业型高新技术企业的成绩喜人、对成千上万的企业进行持续的技术与商务支持、每年为成千上万雇员提供专业化培训、建设区域创业系统。
>
> 　　该研究表明，其他在创新型大学排名中靠前的有卡内基-梅隆大学、北卡罗来纳州立大学、俄亥俄州立大学、宾夕法尼亚州立大学、普渡大学、斯坦福大学、德克萨斯农工大学、加州大学圣地亚哥分校、犹他大学、威斯康星大学和弗吉尼亚理工大学。这些创新型大学的实践项目和合作关系是由基层发起——而不是由联邦政府指定或来自自上而下的标准流程。研究的作者总结道："尽管有一些共同实践，但他们却并未遵循统一的模式或方法"（Tornatzky et al.，2002）*。
>
> *也可参见 OECD，Benchmarking of Science Industry Relationships，2002
> 来源：引自 OECD Territorial Reviews of Japan，2005

　　校企互联最著名的案例之一就是麻省理工学院产业联络计划（industrial liaison programme，MIT）。根据不同规模缴纳一定会费后，企业能无限制进入一系列研讨班，获取专门的信息服务，获取新闻快讯月刊（里面有学院正在从事的研究的一些细节以及一些新发明的概要），获取 MIT 按照不同专业领域编排的研究活动目录——这样，企业能方便地追踪其感兴趣的具体内容，追踪研究人员出访及专家会议信息，从而有利于开展咨询或进行研究赞助。这个项目对企业特别有吸引力，是因为该项目由产业联络官员小组（industrial liaison officers）管理，每位联络官员专门负责其中某一类型企业组合，满足其特殊的兴趣和需求。

　　许多 OECD 成员国，也逐渐出现类似模式。譬如在瑞典，1996 年所有大学都正式收到促进区域创新的任务。在瑞典的几个地区，大学正积极促成新的产研结合，建立区域技术合作模式，并且为企业提供新的培训方式（Cooke，2004）。在这些合作方案中，厄勒海峡地区提供了一个良好的例证，更加分的是，它还形成了覆盖瑞典和丹麦的跨边界网络体系（专栏2-6）。

专栏2-6　厄勒海峡地区的高等教育和产业集群

厄勒海峡是一个跨境区，范围覆盖丹麦的岛屿西兰岛（包括丹麦首都哥本哈根）和斯卡纳区域（包括瑞典第二大城市马尔默）。自2000年以来，两个城市通过铁道和路桥连接起来。通过这种新的交通基础设施创建了一个横跨两个不同国家的单一功能区。厄勒海峡地区知识密集型活动得到显著发展——包括医药制药产业和信息通信科技产业的某些部分。厄勒海峡地区食品加工工业也很成熟，并且已经建立了一个环境相关产业集群，这些公司要么开发环境技术，要么促进生产过程、产品及服务更加环境友好。

教育部门走在促进知识生产者与使用者之间合作的最前沿。厄勒海峡地区拥有20所高校，约130 000名学生，在教育和研究方面拥有很多优势。然而，比这些资源更重要的是大学之间不断建立的合作关系*。1997年，随着厄勒大学的建立，长期的非正式合作开始正式化。该机构不仅在正式的科研教育方面（如厄勒科学区）起着主导作用，而且在创建促进非正式网络联结机制及经济活动信息共享机制方面也扮演着重要角色。通过与厄勒地区研究人员、商界领袖及政策制定者合作，厄勒大学识别出驱动区域经济增长的重要产业集群并促进这些产业集群内部联谊会的发展。"药谷学会""厄勒信息技术学会""厄勒食品网络""厄勒环境"等在促进地区交流和融合方面已经发挥重要作用，并且未来还显示出巨大潜力。

1997年，药谷学会（Medicon Valley Academy，MVA）作为一个跨国的区域性交流组织，由公共资金资助成立。2000年，经过重大重组，它转变为一个会员制组织，主要资金来源是会费（每年的会费占总基金的67%，而会议费占17%）。该组织的目标是通过组织区域生物技术论坛，促进交流和讨论。该学会也组织了一系列专题讨论以促进在相关主题下的交流，如生物技术的人力资源主题、生物分子结构和动力学主题、癌症研究和健康经济学主题等。有个12人博士项目是MVA的一部分，其目标是加强公共

机构与私营企业在产品开发上的合作。尽管该组织由厄勒大学及大量公共基金催生，但其目前已形成自己的发展动力，并且在促进区域信息共享和知识发展等方面发挥着积极作用。

*这方面一个有意思的证据是早期他们曾努力发展一个面向国际学生的、共同管理的"厄勒暑期大学"。这些学生在区域的不同机构内修读课程。当前大学在教育和研究方面的合作影响其很多方面的活动。尽管如此，资源利用的很多方面仍可加强，包括使得区域内学生和研究人员能更方便利用提供的课程、图书馆藏书、实验室及其他设施等。

来源：OECD, Territorial Review of Öresund, 2002

然而，在 OECD 的其他地方，大学在区域发展中分担角色依然处于起步阶段，第三次 CEC 社区创新调查[7]（2004）显示，只有 5% 的创新型企业认为大学对创新具有重要作用（3% 的创新型企业认为政府或私有非营利研究机构对创新有重要作用），28% 的创新型企业认为顾客或消费者（外部因素中最高）起作用（Lawton Smith，2005）。Cooke 等（2002）基于对 Tel Aviv、Belfast 和 Cardiff 等地的研究发现，大学与国家或国际大企业有更强的创新互动（Lawton Smith，2005）。该研究与其他许多基于伦敦或阿姆斯特丹等大城市的研究得出的结论一致。

2.4.2 治理的影响

传统上在国家层面（对于联邦分权化国家则是区域层面），大学分别由教育部和研究部管理和监督（当二者权责分离时），其战略任务也受这些部门制定的项目、导则（公立大学适用）和规章制度影响。而且规章制度通常减少机构和研究者个人参与私营部门项目的积极性和自由度。OECD 成员国已启动大学治理方式的改革方案，旨在增加大学的灵活性和自治性，以更好地促进大学、公共研究机构以及企业之间的合作与互动。日本在此方面提供了较好的案例（专栏 2-7）。近年来，政府的关注焦点明显转向确保这些研究和专业技术商业化并带动企业成功。然而，直到最近，大学教职员工参与公司合作项目的积极性都受到明显抑制，目前这种局势正在逐渐改变。

专栏 2-7　大学去管治化：日本的案例

2004 年，日本的国立大学开始改革，成为独立的公司法人，而在此之前，其作为中央政府一部分的身份已持续百余年。大学教师不再像以前一样属于政府雇员（或公务员）。2004 年以来，公立大学也可以在相关县政府裁断基础上进行合并。通过有选择性地进行大学合并，以产生规模经济及促进学术激励机制及评估体系变革，这样的实践也在不断进展中。大学也正在迅速成立其技术许可办公室、孵化器、产研结合中心，以及其他促进研究成果商业化及区域发展的项目*。其目标为：在日本促成一个更加灵活、有竞争力和有创业精神的高校系统，不仅从事世界一流研究，而且能显著影响区域创新及其发展。其中后一个目标能否达成取决于大学自身拥护改革的力度，以及区域及地方政府建立大学、产业与区域创新战略之间新关联的方式。

*1999 年《产业复兴法案》（也被称作日本的贝勒-多尔法案）的颁布减少了大学和企业合作的障碍，同时也允许私营企业获得公共基金资助的研究成果的知识产权。而这刺激了日本技术转移机构的增长，目前全国已有 37 个技术转移机构。参见：Rissanen J and Viitanen J，Report on Japanese Technology Licensing Offices and R&D Intellectual Property Right Issues，The Finnish Institute in Japan，2001.

来源：OECD Territorial Review of Japan，2005

2.4.3　供给与需求失衡

其实在有些案例中，比较谨慎的往往是本土企业。小型企业通常不愿与大学一起共同从事研发活动，原因是无法将它们在研究和专业领域的需求正式化，或者缺乏大学研究成果及相关服务的信息，认为大学研究及其成果过于基础或抽象。因此，研究机构与企业间的有限合作可能是大学供给与企业需求间不协调的结果。例如，在韩国，尽管其区域性大学已逐步在该方向上做出努力和调整[8]，但仍需进一步提升研发能力，并且重新调整其教学、研究及参与区域经济发展等各项职能并取得平衡。根据釜山大学的一项调查，只有 7.3% 的企业从当地大学获得创新观念（表 2-2）。甚至少数几个大型企业（如雷诺三星汽车公司）试图参与当地大学的合作性研究项目，最终也流产了。其主要原因是这些大学的研究水平对这些企业来说难以形成足够的吸引力。因此韩国国家和区域政府将进行大规模投资以提升区域大学研究能力并缩小其与企业需求之间的差距（OECD，2005）。

表 2-2 釜山企业创新观念的来源 （单位：%）

创新观念的来源	是	否
大学	7.3	92.7
政府资助的研究机构	4.2	95.8
公共实验室	3.8	96.2
社会团体	5.3	94.7
研究中心	2.8	97.2
私有研究机构	3.3	96.7

来源：区域创新亚洲研究中心，2003 年 12 月

小型企业的期望和技术需求与大型企业呈现明显差异。但是这些企业也日益显著地期望通过采用前沿科学技术来满足产品需求及提升产业价值链，从而吸引更大客户群。技术中介机构或"技术诊所"（如芬兰）能帮助中小企业加强与知识机构之间的联系，通过这样的一些措施为企业提供技术经纪服务并建立企业与大学专家之间的联系，而这些专家也许可以为企业提供解决问题的方案。

2.4.4 与其他创新政策融合：科技园区和产业集群方案成功的关键因素

从实践上看，许多方案通过科技中心或上述产业集群政策要素建立了产研之间的联系。如果科技园区经过精心谋划且经费充足，教育/研究及企业间联系很有可能得到好的发展。芬兰专业技术中心实施的综合政策就是一个很好案例（专栏 2-8）。

专栏2-8　芬兰的专业技术中心

专业技术中心（centre of expertise，CoE）行动计划始于1994年，最初计划持续5年，至1999年结束。由于该项目取得巨大成功，芬兰政府决定着手制定一个新的8年计划，时间为1999~2006年。第一期计划试图将区域和国家用于发展某些特定产业部门（主要是传统高技术产业）的资源集中于精心挑选的、具有国际竞争力的一些专业领域，以实现对国家创新政策的补充，更具体来说，该项目的目标是通过鼓励中小企业与区域内或周边的培训机构、大学、研究中心合作，来提高其创造力与创新力。其长期目标是提升区域竞争力，扩大高新技术产品生产规模、企业数量与就业总体规模。

该项目的指导原则是开放竞争，这就是为什么只有表现最佳的一些单位才能在国家专业技术中心取得一席之地的原因。为了参与该项目，各单位必须证明其具有国际高水准的专业水平、生产效益、创新能力及组织管理。专业技术中心每年都会围绕政府资助基金展开竞争。基本资助金额与区域当地合作伙伴的贡献大体匹配。目前为止，规模不大的州立资金已在选定的一些专业领域内产生显著的经济增长效应。但第一期计划最重要的资助来源其实是私营部门，占27%；接下来是国家技术创新局，占25%；城市、直辖市及区域委员会提供的资助占24%；欧盟贡献了总额的17%。

第一期CoE计划超出所有人的预期，在创造就业和促进创业方面产生极为显著的积极影响[1]。为使大家对该项目取得成功的规模有所了解，可以告诉大家的是，自项目实施以来，CoE的数量从8个上升到了22个。CoE项目不仅催生出一种新的经济活动，而且还（通过因地制宜开展研究及采用相关专业知识）促进了彼此之间的接触和洽谈，推动现有业务及新产业的发展。截至2004年，有超过1750个区域项目在中心运行，在保障现有18 000个就业岗位的基础上，创造了逾10 000个新的就业机会。该项目实施的第一年约有850个新企业成立。随着全国范围CoE分工合作日益成熟，各中心之间有越来越多的合作，从而催生了更先进的一些创新模式，这些创新往往具有国际意义。Oulu地区国际电子产业发展支持项目（Pro Electronica Electronica International Development Project）即为此例[2]。

受到第一个项目巨大成功的刺激，第二期拓展项目已重新开始调整并扩大其规模。其四个主要目标为：确定区域优势并促进区域经济增长；提高基于业界最高标准极富竞争力的产品、服务、企业及就业的数量；吸引海外投资及国际顶尖专家；强化并不断革新区域专业知识。尤其是，区域专业概念所包含的内容已从传统的高新技术产业扩大到一些新领域，如新媒体、文化商业、娱乐业、设计、质量和环境管理等。这种再调整使 CoE 未来的专业领域能越来越吸引国际上的私人和企业投资。

① 城市交流计划Ⅲ：通过专业知识、研究与信息交流共享促进城市发展（1999 年 10 月在芬兰坦佩雷举行的欧洲联盟部长非正式会议负责其中的空间规划和城市/区域政策），与会者包括芬兰内政部，芬兰及其他欧盟成员国的若干位合作专家。

② See: www.intermin.fi/suom/oske/en/osket/oulu.html.

来源：OECD Territorial Review of Finland（forthcoming）

2.4.5　高职院校作为区域发展的新角色开始崭露头角

高职院校作为旨在提高区域创新体系中各主体（尤其是对中小企业）互动水平的政策措施的一部分，尤其是对城市腹地或欠发达地区而言，其关键作用日益得到认可。这些机构也被称为社区学院（加拿大、美国）、技术学院（丹麦、美国和英国）、继续教育学院（英国）、技术与继续教育机构（澳大利亚）、理工学院和高等专科学校（奥地利、比利时、德国、荷兰和新西兰）及技术机构（芬兰和爱尔兰）。他们有一个共同点，即承担中等以上或高等教育任务，面向培养技术人员、工程师等技术技能人才，且高度聚焦于区域或本地问题（OECD，1999）。

高职院校在公共教育机构里是不寻常的，甚至是特别的，因为这些院校在其教育目标中具有明确和强烈的经济导向。高职院校系统的很大一部分，其功能定位或再定位为服务学生群体及区域经济。高职院校的这种经济价值就是基于其特有的、能对区域增长、技术或结构调整带来的新职业要求迅速做出反应的这种灵活性。随着时间推移，最有创业精神和创新精神的院校会一点一点地将其资源和专业知识用于应对科技进步上，并影响技术应用速度。

高职院校是区域技术和创新战略中公认的一个重要组成部分——紧跟技术变革进行再培训、保障充足的熟练技术工人流入该地，以满足区域需求并促进其发展。现如今，大多数院校将技术开发的不同方向纳入其核心任务。一所大学将其传统学生客户群拓展至包含非常规的较新的客户群，其意愿程度取决于很多因素，如大学和企业领导能力、国家和州的政策法规、财政收支、技术支持与培训的替代方式、管理的灵活性和自主性、区域的创业活力等。根据上述分析，尽管各高职院校规模及专业化程度各不相同，但其对所有类型地区都将发挥作用。高职院校可从事任何生产活动领域的专业研究，即使是那些基于自然资源禀赋的活动，如矿产开发、旅游业等。它们对市场调整导致的大量人力资本需求做出应对，并通过拓展其服务范围促进区域经济发展。从这个意义上来说，针对高职院校发展的追加投资低于先前讨论的两个案例（大学和科技园区）。在高新技术产业密集地带，它们被期待专门从事高技术部门相关研究；在产业园区，它们需要为现有产业集群提供技术服务；而在欠发达地区，它们会将其活动限制为满足当地生产活动的组织和技术转移需求（专栏2-9）。

专栏2-9 瑞士高等教育学院计划

瑞士高等教育学院（Colleges of Higher Education，HES）是教育、创新和区域发展领域的一个重要项目，旨在缩小国家较高水平的研究与较低水平的创新成果之间的差距。HES在短期学位项目的框架下通过理论与实践一体化教学，培养高水平的技术技能人才，同时也致力于推动面向中小企业的应用研究与技术转让。上述各种实践的精细化与专门化带来很多潜在的经济效益，例如，随着研究质量提高及私人研发数量累积，实验将会持续，这将导致专业知识水平不断发展且以新的形式得到应用；另外，如果有地方实业家参与且HES成功吸引其进行培训和研发上的私人投资，那么，针对HES专业发展的公共投资可能会有较高的成本效益。因此，不仅应高度关注HES的专业化，也应保证地方实业家的全程参与。HES也能充当地区技术服务供应商的角色。通过与地方政府合作，一些HES甚至可以担当产业发展委员会的角色，根据国内外（包括市区内）最好的技术实践或新的行业管理方法等内容，安排专题研讨会或信息交流会。这种会议对促进本地网络联结及相关文化氛围产生可发挥巨大作用。

来源：OECD Territorial Review of Switzerland

第 3 章　有竞争力的区域：营商环境相关政策

如前所述，创新和知识已成为区域政策首要目标。为实现较高的成本效益且对所有类型地区都能产生区域性影响,这种基于知识的政策需要一些其他措施来进行补充。这些措施应致力于提升特定区域支持经济活动的有利环境。当前的共性思路就是因地制宜开发区域未曾挖掘利用的资源及其他潜力,利用这种有利环境的外部性促进经济发展。这些政策的许多目标过去常与社会和环境政策有关,现在则从其经济影响的角度来考虑。政策手段倾向于关注"集体物品"的供给,这种"集体物品"的供给能提升所谓的"地区品质"——即区域整体的吸引力及其功能,提升区域的可达性,等等。如果没有相关支撑环境,产业集群及区域创新等战略都无法产生显著的经济影响。更糟糕的是,人为支持私营部门发展,而不是首先强调关键市场的失灵,可能还会导致政策倒退。就具体政策而言,OECD 的工作集中于两类主要的政策,他们例证了在强调区域竞争力的框架下提供"公共或集体物品"以促进经济发展的问题:

1）投资创造有利环境;

2）集中发展未充分利用的自然、文化和历史景观。

3.1　投资创造有利环境

如前所述,企业所处的区域环境对其生产力有重要影响,其中既有直接影响,如可供给的服务及基础设施水平,又有间接影响,如通过提供给工人优良生活品质所带来的诸多影响。区域环境包括一系列或促进或抑制经济活动的因素——如交通运输和通信设施的质量、与高效公共服务供给有关的地方税率和返税、土地及住房（包括经济适用房）的可得性、各级教育系统的水准等。这与当地的战略管理及国家和地方当局联合投资水平及其分配密切相关。人们倾向于关注经济活动大的框架条件、增加或减少生产成本的一些有形因素，如地方税制、交通等。

OECD 基于一系列不同区域类型的研究工作表明，拥有高效的物质基础设施及相关服务仍是经济发展的关键。基础设施的改善会提高地方企业的生产力并增加该区域的吸引力，这种论调在 OECD 某些地区的评论中是被不断提及的话题。高质量的基础设施和服务对于强大的本地、区域或国家经济来说都是至关重要的。以交通为例，基础设施升级可提高可达性（旅行时间减少，而这影响房产价格和经济租金），影响家庭及企业决策（对于家庭而言，主要影响居住区位及其消费方式；而对于企业而言，影响企业区位、市场准入及其投资决策），而这反过来又对经济有正面影响，如提高税收收入，创造就业机会及为进一步投资创造条件。对企业来说，好处包括：

1）可获取拥有更多样技能的大型劳动力市场；

2）更快到达供应商和消费者，节省了交易成本；

3）拓展了市场范围（包括面临更多的供应商选择以及拓展了消费群）；

4）土地利用的限制降低。

尽管仍然要考虑区域影响量化及基础设施升级收益递减等问题，交通改善仍被普遍看作可以产生强大的正外部性，并且可促进资源在整个地区经济系统中得到更有效配置。从政策角度来看，投资能带来乘数效应的基本假设，是很吸引人的。欧盟曾尝试将一定水平交通基础设施支出水平与生产率提高及就业增加建立关联，他们估算得出跨欧洲交通网络（TEN）工程大幅度提高产出水平及就业水平。预计 2005～2025 年的前期工程会使欧盟国内生产总值（GDP）提高 0.25%，就业率提高 0.11%，整个工程可创造 80 万个就业岗位。一份捷克的区域政策评估报告着重强调了充足的国内外公路和铁路交通网络连接的重要性（OECD，2004）。例如，它特别提出捷克第三大城市俄斯特拉发交通可达性的问题，作为工业区，该城市正经历深度产业重构并经受高失业率折磨，但由于仍未与国内高速公路网络的其他部分实现对接，因此其发展的多方努力收效甚微。尽管它有知识资产（人力资本、优秀的大学和研究中心）、强大的财政实力和其他吸引投资者的因素，交通不便还是阻碍了俄斯特拉发甚至整个摩拉维亚-西里西亚地区吸引到更大规模投资。

尽管基础设施投资的成本和收益难以精确衡量，但对于大多数决策制定者而言，由于交通改善带来强大区域发展正外部性的上述积极预测仍足以驱使区域竞争力相关战略强烈关注基础设施升级及高质量交通服务的供给（图 3-1）。

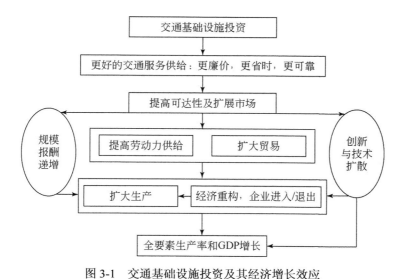

图 3-1　交通基础设施投资及其经济增长效应

来源：OECD，2003 "Decoupling transport demand and economic growth"（交通需求与经济增长脱钩）；改编自

Larkshmanan，2002

然而，案例研究表明，尽管建设或升级交通基础设施毫无疑问可对区域经济发展产生重要影响，但经济增长却不是自动发生的，只有在交通基础设施建设或升级可产生区域正外部性时，增长效应才有可能出现。创新和专业化相关讨论表明，二者都依赖高效完善的基础设施网络以获得不同类型的空间集聚效应。更快的交通连接可诱发不同市场中存在的正外部性——通常是未达到饱和的规模经济、范围经济、集聚经济、密度或网络——并因此提高劳动生产率、

提高产出水平、降低生产成本，同时促进资源的更高效利用。如果上述潜在经济效应不存在，交通改善可能导致现有交通流量和空间结构的改变，但对经济增长没有长期影响。OECD 厄勒地区评论明确指出，哥本哈根和马尔默之间的大桥只是建立两个区域经济联系的许多战略中的一个因素（专栏 3-1）。该评论建议部分还详述了政策制定者面临的挑战，即保证当前统一的劳动力市场以及释放研究团体和企业系统的潜力。维也纳-布拉迪斯拉发提供了一个类似案例：人们期待斯洛文尼亚加入欧盟能促使功能经济区发展得更强更大，从而给地方企业带来前所未有的规模经济和范围经济。然而通过基础设施建设连接开放的边境只是第一步，随之而来的还有关于区域经济专业化、创新和管理的一系列政策挑战（专栏 5-7）。

与此同时，基础设施发展的限制因素也在增加。尤其是在 OECD 成员国里，新的基础设施建设成本急剧上升，而维护费用在总花费中也占据了相当大的比重。例如，日本关于基础设施维护占总投资比重的预测表明，在相对短的时间内，基础设施更新费用与新设施建设费用基本相同。如果总投资增长有限，日本接下来十年基础设施维护的预算可能要超过新设施建设的预算（OECD，2005）。因此，OECD 成员国基础设施投资相关政策倾向于强调三个方面：①更好地利用现有基础设施；②新投资要"好钢用在刀刃上"，要物尽其用、用于最需要的地方；③建立体制机制，提高公共建设项目中私营企业投资比重。

专栏 3-1　厄勒桥对各级区域吸引力和竞争力的影响

这里要考虑厄勒桥在区域、国家和国际三种不同空间尺度上的影响。因为不同空间尺度，其影响不同，且更重要的是，利益相关者的反应也截然不同。

在区域尺度（厄勒地区），除厄勒桥外，政府还新建一系列基础设施，这些基础设施构筑了区域内新的交通与交流网络，提高了区域内个人、企业、机构之间相互交流的水平。这种加强的互动提升了区域内部主体相

互依存所产生的一种"价值"，这种价值是使区域经济和社会在竞争力和吸引力方面具有稳健性的重要因素。尽管对厄勒桥影响的评估显然主要关注其是否强化哥本哈根和马尔默两个主要增长极，但这两地的增长同时也带动了区域内多个地区的发展。因此，海峡两岸核心-边缘由于空间断裂引发的问题较之以前要少。

厄勒地区竞争力的变化也改变了其在两个国家的相对位置。对丹麦来说，问题不大，因为哥本哈根作为首都以及厄勒地区主要的集聚"极核"，其区域主导地位进一步增强。而瑞典的情况恰恰相反，厄勒地区的发展不可避免地会带来更显著的影响；尤其是首都斯德哥尔摩和第二大城市哥德堡意识到厄勒地区经济日益增长、竞争力日益提升，正对此做出反应。一方面，马尔默和斯卡纳的发展使瑞典出现了新的经济增长地带，带动整个国家经济快速增长。另一方面，南部的加速增长打乱了瑞典国家区域政策长期以来形成的政治共识。实际上，北部地区由于其边缘性，在区域补贴方面一直享有较强的特殊照顾，中部地区（沿着斯德哥尔摩-哥德堡轴线）自给自足，而南部马尔默地区尽管工业衰退，却被认为是发达地区，不再需要任何特殊干预。但是厄勒地区增长展现出的各种机遇已改变这种看法。原来追求平等的政策正慢慢转为支持经济保持活力，由于南部地区与欧洲其他地方有更紧密联系，因此政策上也得到更多关注。

厄勒地区新的基础设施投资也间接增强了其在第三个空间尺度——国际上的竞争力。哥本哈根和马尔默已跻身欧洲大都市区之列且开始被视作联合的全球中心，这对该区域国际竞争力的增长确实起到了重要作用。在其竞争力增长中最有意义的莫过于其跨国一体化发展的过程。类似的案例包括英法之间的海峡隧道以及计划连接维也纳、布拉格和布达佩斯的新高速公路系统。

来源：OECD Territorial Review of Öresund

在此背景下，通信基础设施既有希望给定向投资带来丰厚的回报也有可能带来一些重要的转变。对大多数经济部门来说，通信基础设施普遍节省时间，而这可以转化为经济增长和就业增加。农业政策特别关注外围区域企业和企业家怎样利用发达的通信网络来获取中心区域的市场。一份评估农村地区信息通信技术推广政策的报告识别出与服务当地（如地方企业和政府等）及偏远地区客户（如市场营销等）相关的三类经济活动：电话业务（呼叫中心和业务流程外包）、远程工作，以及关注多媒体和软件设计的一些初创企业。随着农村地区信息通信技术应用得越来越广泛，政策制定者对创办农村企业的兴趣也逐渐增加，包括怎样将集群政策从一般性目标区域（城市或中间地带）调整到适用于农村地区。

3.2　重点开发未充分利用的自然、文化和历史景观

3.2.1　将环境舒适性作为农村发展政策的核心

越来越多的人认识到，"地区品质"对区域竞争力有重要影响，尤其是在吸引和留住流动资源（如投资和技术工人）方面。OECD 正在进展的一些有关城市魅力、住房及建筑物可持续利用（当然还有其他很多方面）的工作都强调环境质量及其魅力的重要性。无论是农村还是城市地区，区域发展政策越来越重视利用它们环境舒适性方面的潜力,这种环境舒适性包括各种各样自然的抑或是人工的、使区域各异且为不同经济活动（从旅游、娱乐业到特色产品和食物生产）提供 "原材料"的景观。

上文提及的环境舒适性有一些共性，即它们通常不能通过传统的市场进行有效供应。环境舒适性往往表现出公共物品属性，尤其是，它们在某种程度上是非竞争的和非排他的。

1）非竞争性，即一个人消费某物品并不会妨碍另一个人消费该物品（除非过度使用对物品质量造成消极影响）。此处一个典型的例子是迷人的景观。在不影响他人的情况下，相当数量的人都可以享受去乡村的乐趣，但是到达某个拥挤的临界值时，娱乐体验的质量就会下降。

2）非排他性，即一旦提供某种物品，通常无法排除他人也进行消费。原则上可以通过在某区域周边设置边界来排除他人对景观的消费，但实际上，这样做的成本会超过可能获得的收益。

这些公共物品的特性意味着，私人甚至公共部门没什么直接动机提供、维护或投资舒适环境，因为很难将这种投资全部或大部分转化为专属于投资者的收益。然而毋庸置疑，这种环境舒适性很明显是区域重要的资产，且代表着某些农村地区重要的，有时甚至是唯一的竞争优势。此外，政府开发环境舒适性所能产生的价值是对其进行保护的最佳动力。核心问题是：政策制定者怎样将农村环境舒适性的外部价值内部化，使环境舒适性的供给者可获得经济动力在合理成本下为不同用户（既包括个体旅游者，有时候也包括整个社会）维护或/与提供环境舒适性。这个过程的两个关键要素是：①估计环境舒适性的价值（或对环境舒适性的需求）并据此设定价格；②鼓励创建相关市场或市场机制来转化收益（专栏3-2）。

专栏 3-2　OECD 评估农村环境舒适性的案例

澳大利亚：原始森林是澳大利亚提供农村舒适性的首要来源之一。但一方面，为了环境和休闲的目的，需要保护森林；另一方面，需要扶持传统森林产业；两种不同需求引发的矛盾日益紧张。本案例研究的焦点，即"区域森林协议"（Regional Forest Agreement，RFA），通过为森林资源制定一个20年的框架（以签订协议的形式），来减少这些冲突，并且促进森林系统的多功能经营。

奥地利：阿尔卑斯牧场占奥地利领土的20%，如何经营管理这些牧场对景观、旅游及预防自然灾害具有重要意义。除了生产的功能，山地农业还能维持敏感的阿尔卑斯生态系统和文化景观。1972年，政府颁布"山地农民专项计划"（Mountain Farmers Special Programme），用于维持山地农业多样化功能、促进经济和社会稳定。在该计划下，政府根据山区农民"困难程度"（与交通条件及农场经营规模有关）给予补贴。

法国：1967年，法国开始在拥有高质量自然和文化遗产的地区实施"区域自然公园计划"，该计划旨在实施基于自然和人工景观保护、管理及定价的开发项目。其总体目标是协调好保护这些自然历史文化遗产与区域经济发展之间的关系。法国目前有32处区域自然公园，覆盖国土面积的1/10，涵盖超过2600个农村社区。

日本：梯田（Tanadas）是建在陡峭山坡上的梯形稻田或阶地。它们发展于远古时代，且几乎遍布全国。如今，有22万公顷的梯田分布在山坡上，占所有稻米种植面积的8%。梯田因其景色优美且代表了历史传统的传承、具有文化与地方特色而广受赞誉。然而，对其进行维护极其辛苦，这导致它们迅速消失。社会各界，尤其是政府，采取许多措施扭转这种趋势。例如，旨在将其价值市场化的"临时主人系统"（temporary owner system），通过邀请城市居民临时来充当梯田主人，耕作这些梯田。他们通常会在农忙时期利用周末帮助农民。另外一个例子是"梯田基金"，即对继续种植传统梯田的农民进行补助。

瑞士：边界线 Napfbergland 是这个国家最与众不同的经济、种族和文化分界线。它是两个州的边界；一边是西欧文化，另一边是中欧文化；一边信仰新教，另一边信仰天主教。Napf 边界地区不仅具有独特的文化特色，而且也包括风景优美的近阿尔卑斯景观，包括森林、历史古迹和传统的耕种小农场。该区各景点景致并非像山峦起伏的阿尔卑斯地区那般壮观。然而，由山道连起来的这一系列自然和文化遗址仍是宝贵的财富。因此，在政府支持下的"山道工程"于1997年正式启动，通过旅游业推动经济多元化。工程负责人希望通过创造大量旅游胜地来吸引游客并推动当地出产农产品的销售。

　　环境舒适性价值评估相关工作，最初始于将环境舒适性的供应从农业产品生产功能中分离出来，并将农业的多种功能进行量化，及对生物多样性及其他生态资源价值进行估算的尝试[9]。农村舒适环境的娱乐价值可以通过显示性（观测性、真实的）偏好模型（revealed preference model）来估计，这种模型估算出来的结果相对可靠。尽管如此，农村环境舒适性的非使用价值，如保护生物多样性或农业景观，其支付意愿必须基于陈述性偏好模型（stated preference model），其不确定性更大。因此政策制定者在估算那些试图维护具有显著非使用价值的景观工程的成本效益时，通常力不从心，这是建设环境舒适性商品市场或替代市场相关的政策成为政府首选的部分原因[10]。

　　确保环境舒适性最优供应的手段可以有以下不同方式：如建设直接的"舒适环境"相关市场（进入收费或征收使用费）；建设舒适环境相关产品市场（"绿色"市场）；由相关利益集团购买资源；对供给者进行奖励、税收或补贴；等等。有两种包含市场导向经济手段的基本政策类型：第一种是促进供需协调的政策，第二种是为使其按照特定方式行事而采取的强制性或财政性激励或惩罚手段。

1）为促进环境舒适性的供给者和受益者直接合作而制定的政策，可以是通过市场，也可以是通过采取集体行动的不同主体之间的合作。

· 提高环境舒适性的商业价值的政策扶持。目的是鼓励环境舒适性供给者和受益者之间针对环境舒适性（景观）本身或相关产品进行直接交易。这是针对那种有可能成为私人物品的环境舒适性，对于这样的环境舒适性，通过给予一定帮助，如引入环境舒适性市场的制度框架、支持农村企业开发环境舒适性价值、对具有环境舒适性附加值的产品给予官方认证等，其市场的建立是可能的。

· 扶持集体行动的政策。其目的是推动和支持由不同主体群发起并推行的活动，来调整环境舒适性的供给和需求。针对的是那些需要由供给者和受益者共同行动以维持并/或增加其价值的环境舒适性（表3-1）。

表3-1　为开发环境舒适性所采取的集体行动的种类

行动种类	行动和目的
环境舒适性供给者的集体行动	1. 在互补的环境舒适性（景观）间构建网络：使环境舒适性更明显，从而为其价值开发提供更大可能性。 2. 为实现几种景观供给的认证而构建网络：通过对产品和景观之间关系进行集体认证，实现价值开发目的。 3. 供应者自愿签订协议进行自我约束：共同提供某种景观，从而保留价值开发的可能性
受益者的集体行动	4. 私人需求的汇总与交流：将社会需求传达给供给者和政府。 5. 对环境舒适性的供给采取直接行动：购买景观所在的土地或相关权利来保护他们
供给者和受益者的协同行动	6. 供给者和受益者为了达成自愿的协议而进行的谈判：对需求和供给进行交流，并商定如何分担责任以实现最佳供应。 7. 对环境舒适性协商进行区域管理：提供合适的区域规模或空间尺度，以使其价值得到更好的开发

2）为改变经济基本规则而推出的政策，旨在引导某一方面的个人行为。在这个大方向下，通过一些经济刺激或管制措施使人们乐于采取一些有利于环境舒适性供给的做法。在这种情况下，地方政府试图"控制"环境舒适性的供应。这种做法针对的主要是那些公共物品和/或具有外部性、需要政府干预来维持其供给并且挖掘其需求的环境舒适性（景观）。这些直接的政府干预包括：

• 管制。其目的是对环境舒适性所有权和使用权相关权利进行判决和/或再分配，因为这些权利往往并没有被清晰地界定，或需要再分配来促进环境舒适性的价值开发或避免其进一步恶化。在环境舒适性是私人物品的情况下，尽管财产权的清晰界定及再分配可能会促进市场的产生，但是管制常会限制私人对环境舒适性的占有：财产权被认为是属于全社会的。因此管制的一般功能是让供给者承担将公共物品及其外部性内部化的成本。

• 经济刺激。其目的是对环境舒适性的供给者付费，以及对有损环境舒适性的行为纳税，使这种具有外部性的行为内部化。当环境舒适性是公共物品或有外部性时，需要政府创建替代市场，以代表潜在的受益者向供给者发送需求信号。

3.2.2　城市环境舒适性相关政策的出现

一般情况下，改善城市竞争力的政策会从知识基础设施及多种经济主体间互动的广度和深度的角度来强调其相对优势。正如前面指出的，该报告前面部分讨论的创新导向政策一般适用于城市区域，与这些措施相关的一些主要成功模式一般也都发生在大城市及其周边区域（尽管也有例外）。然而，仍有很多城市政府不断强调工业经济面临重塑的挑战，而另外一些城市面临某些地区（不管是内城还是郊区）维持经济和社会活力的问题。在这种情况下，有必要讨论更广泛的城市环境问题及直接面向企业部门的政策。在这点上，农村环境舒适性政策相关问题及应对措施与城市环境舒适性政策带来的问题及对策密切相关。韩国釜山的转变历程就是一个很好的案例（专栏 3-3）。

专栏 3-3　工业城市的再定位：港口城市，韩国釜山

考虑到釜山港口吞吐量面临停滞甚至减少的可能性，规避长期过度投资战略存在的潜在风险是明智的。港口城市越来越多遵从一种由前工业化到工业化再到知识经济的三阶段发展路径（表 3-2）。亚太地区大多数大型港口城市处于工业化阶段，这反映在港口基础设施投资的主要部分已转向建造更大的船舶和建设船运密集的物流系统。然而未来会有一个明显的推力使港口与那些跟运输无直接关联的需求建立联系。这样的需求包括环

境舒适性和服务业。国际上对这种不可扭转的趋势有了越来越清晰的认识。随着中国具有竞争力的港口的崛起，长期来看，更使釜山及其他类似发达经济体港口义无反顾地朝该方向转变。大多数港口城市在努力创造更和谐的城市-港口联系，且已重新关注环境及城市宜居性问题。釜山在进行自己的规划决策时应该对该趋势采取应有的关注。

2000 年第七次城市和港口国际会议总结道："从当前的形势看，港口城市必须创建投资与开发项目，提高其作为一个临海（江河）大城市的生活质量。若要实现可持续发展，必须保护地方环境资源，且支持地方社区的文化与社会发展。每个港口城市都应给出一个同时关注社会和生态问题的综合发展政策。"国际城市与港口协会（IACP）旨在促进城市和港口"两个世界"间真正的合作伙伴关系；2004 年年会主题是"现代化与文化认同"，其中对港口城市的现代化，它认为体现在其参与这些新的世界网络，将其融入政治、经济和社会决策理念，并从基础设施、设备、装置及专业培训等方面对其进行转化的能力。与这种现代化需求相对应的是文化认同的需要。保持它在可持续发展和生活质量上的文化标杆地位、维持已有优势并肯定其发展抱负，是任何港口城市开发项目必不可少的。

表 3-2　港口城市变迁

港口城市区域	变迁过程		
	（1）前工业化时期	（2）劳动密集型出口工业时期	（3）强调环境舒适性及知识密集型产业的时期
港口功能	单纯的陆海交接处	物流运输平台（多跻身于工业园区与出口加工区）	国际供应链体系中区域多式联运网络节点地区
城市区域经济	商业中心、贸易中心、初级产品出口	轻工业生产及组装业务；跨国公司的本地管理职能	具有总部功能，依托优美环境吸引投资，并以知识、技术、创新为其发展核心的"学习型区域"
城市设计焦点	港口与城市发展分离：港口作为码头，而城市作为独立的商业中心；强调将资源和农业腹地通过干线公路与港口连接	港口发展由主干道连接到新的城市周边工业增长极，作为全球联结的"飞地"。城市拥有跨国公司本地管理职能，设计重点在于提升城市中心标志性建筑的"天际线"，并为大量城市人口提供郊区化居住空间	港口作为滨江景观融入城市设计；而城市作为历史悠久、景观资源丰富的地区，拥有多处公众参与及终身学习的空间，空间模式也由大都市区转向后大都市区的城市区域网络模式

来源：OECD Territorial Review of Busan（2005）

　　如何使历史城市中心再生是城市舒适性问题的一个典型案例。推动历史街区再生的动机，在某种程度上是一个社会问题。居民必须欣赏其文化遗产的价值，以授予公共部门足够动力进行必要的投资来保护并修复这些遗迹。但其价值并不总是显而易见的，常常只有在遗产损失进程已经来不及扭转的时候，才广受关注。很多时候，是一些国家和国际私人基金会在负责维护特定建筑物，并游说各国政府采取更积极的干预。一旦维护文化遗产的需要得到普遍认可、相关地区面临的压力和威胁得到广泛接受，政府就会应用很多管制工具并进行拨款，重建个别建筑物，近来甚至是重建整个邻里街区。由于这种项目花销庞大，而公共部门能力有限，基本只能对付外表损毁和功能衰退类问题，削弱了这些项目的效果。在美国和欧洲许多城市，大规模投资已被投入滨河或滨海工业区改造项目，一方面是为了保护衰退的工业遗址，另一方面是为了复兴萧条的城市中心区。其效果参差不齐。一些案例中，地产再开发对广大中心城区只产生微乎其微的溢出效应。这些早期方案的缺陷在于缺乏对这类区域商业空间最大的使用者——零售和娱乐业未来活力的重视。这些经验教训，使当前政策转向更加强调复兴的经济动力。因此环境舒适性问题及建立公共物品的市场（或准市场）变得至关重要。

　　欧洲和美国的大多数城市复兴计划，其共同特性是认识到旧建筑及基础设施等物质上的翻新是不够的，这些地区的经济和社会活力也必须要被激活。例如，零售店在历史街区的集聚能有效地为酒吧、餐馆、文化娱乐设施等提供发展基础。在美国许多城市，历史建筑已被修复用于创意艺术，如舞蹈工作室、艺术工作室等。在这些案例中，公共部门和私营开发者在不同文化形式（建筑、艺术等）和不断演变的消费方式之间关系上进行博弈。

　　理想化的连锁反应是：人们越来越重视居住在历史街区或去历史街区游览，居民和游客的数量在这些区域逐渐增多，使这些区位的商业价值升高，从而推动新的投资去建商业和居住区。在这种情况下，民间团体引导公共部门关注市民的期待和渴望，地方政府将管制做到位并提供相应刺激，私营部门对地方投资市场的变化做出反应。OECD在城市再生政策方面的两个最新研究展示了贝尔法斯特和格拉斯哥将其主要河流（分别是拉甘河和克莱德河）作为未充分开发利用的环境舒适性进行开发的案例。在这两个案例中，河岸是城市传统的产业中心，现在这两个地区需要新的相关功能将投资和居民吸引回来。负责执行发展战略的 Laganside 公司采用的办法，是基于这样一个假设，即地区需求规模扩大要求有大量私营部门投资，但是最初对基础设施、土地整治和环境改善等方面的投资必须来自公共部门；一旦公共部门兑现其承诺，私营部门的投资和信心就会随之而来（专栏 3-4）。

专栏 3-4　格拉斯哥城市市容改善成本效益

　　把遗迹和文化作为促进城市再生和经济增长的因素，这种做法成为欧洲城市越来越青睐的选择。格拉斯哥城重建及经济发展的轨迹是建立在几件重要事件的基础上的，最早是 1988 年英联邦国家花园节，一个针对河流的再生方案。该节日是格拉斯哥城的重大活动；花费了 2000 万英镑的公共财政之后，成功吸引了 400 万游客来到该城市，这标志着格拉斯哥一个新的城市再生模式的开始。如同在 20 世纪 80 年代欧洲其他地方一样，文化活动成为格拉斯哥城市再生过程中必不可少的一部分。1990 年，格拉斯哥成为"欧洲文化城市"，这也是一个激发政治家和城市再生机构想象力的事件。记录显示，当年有 900 万人进入该市，其中超过 50 万人来自其他城市，为地方经济带来 8000 万英镑的额外收入。新的地标性建筑，如格拉斯哥城市委员会投资 2850 万英镑建设的格拉斯哥皇家音乐厅，影响深远。1996 年，格拉斯哥"视觉艺术节"吸引游客花费 2500 万英镑，给地方经济带来了 550 万英镑的纯收益。1999 年，格拉斯哥是"建筑和设计之城"，这为其带来 2000 万英镑收入，创造 500 个就业岗位。随后，该市又新建一个科学博物馆，提高其强大的文化产业基础，显著改善整个城市的城市设计，未来其文化方面投资仍将继续。

　　资料来源：OECD Urban Renaissance Review of Glasgow

　　由于提升区域作为投资居住场所吸引力相关的行动能够为区域投资战略提供一个较为连贯且易于操作的框架，尤其是当他们把提升区域内生资产及未开发潜力作为目标时，政策制定者对此兴趣浓厚。为此，OECD 为农村环境舒适性（或景观）开发设立的关于建立集体公共物品市场、促进集体行动及公私

合作伙伴关系的基本框架的广泛应用,对于改变城市土地利用模式及衰退社区再生是有重要意义的。尽管国际层面的分析倾向于把环境舒适性当作农村政策问题来看待,越来越多的人对把"环境舒适性是地方公共物品"的理念应用到城市区域感兴趣。大多数关于环境舒适性与发展间关系(协同、拮抗及相互依赖)的理念,跟许多政策选择一样(开创市场、支持集体行动,对其供给进行管制和经济刺激等),也同样适用于城市。一般而言,他们提出一些重要的治理问题,这些问题涉及怎样在城市地区投资,以及由谁来投资。

注解

1. 尽管在政策讨论中得到普遍应用,这些假设并不能被舆论引导者全部接受。对于"地区像在全球市场中竞争的大公司一样" 这种观点,保罗·克鲁格曼可能是最著名的批评者,他主张过度强调国际竞争会忽略国家和公司在其特征和行为间的主要不同,其中比较明显的差异是一个国家不能歇业,也不需要获取营业利润,而且可能会采纳"不经济"的政策措施(尤其是贸易保护主义政策及反对自由贸易政策)。与区域竞争假设相关的一个问题,是其隐示企业及他们所处的区域或国家有相似的追求目标(创造财富、创造就业、在某些场合可能还有可持续发展等)。这在有些情况下是对的,但是显然不适用于所有情况。在全球经济中,企业并不和特定的地方捆绑在一起,尤其是它们的营利动机也跟区域创造财富和就业机会的动机不同。但是即便企业利益和地方及国家政府的利益并不总是同步的,它们之间毫无疑问也有着紧密的联系。

2. 迈克尔·波特声称"当他们的总部允许并支持专门化的资产和技能的快速积累时,企业会获得竞争优势……国家在特定工业的成功,是因为其本地环境最具活力……"

3. 这种相互依赖和"社会资本"的概念相同。社会资本是指一系列促进总体资本储备的无形因素,如信任、风俗和关系网等。

4. 这种渠道显得特别强大的两个地方是技术转让和人力资本的形成。通过与国内企业(最近的证据显示,主要是他们的直接供应商)的联系,外资企业和地方商业团体分享这种专业知识。对于人力资本,外资企业倾向于附带贡献训练有素的员工，而且很多时候也包括管理者，他们的专业技能对不相干的企业有好处或者成为地方经济企业家精神的来源。

5. 一些研究表明，美国科技园有两倍于欧洲和日本的客服人员，结论是美国更重视对新企业的积极支持。

6. 日本目前的产业集群方案和苏格兰的方案覆盖了较大的城市区域，并强调一系列需要大量资金投入的服务。其他更多区域的方案，如法国的阿尔沃山谷和芬兰的坦佩雷的方案，覆盖一些发展较受限的地区且提供的服务类别也很有限（Raines，2003）。

7. www.dti.gov.uk/iese/international_comparisons.pdf。

8. 其中一个案例是釜山大学，它创立了一个叫作亚洲区域创新研究中心的智囊团。该智囊团不仅组织研究项目和研讨会，而且参与釜山地区区域创新委员会的活动，执行不同区域创新教育项目，并与海外（日本、中国、美国）大学和研究机构建立工作关系。

9. 量化油泄漏造成的环境污染的评价方法也开始涌现出来，其目的是确定污染者需要承担的赔偿金。价值评估作为评估无市场物品的价值（通常是货币的）的一种方法在 OECD 成员国得到广泛应用。价值评估方法也应用于支持或反对政策（或项目）选择。对其政治实用性的争论，主要是因为评估非市场化物品在技术和伦理上存在一些困难。这也就是说，许多为捍卫某些国内或国际政策争论的关键论据，而被提供给政府或者政府提供的信息，其有效性常是有争议的。经济学家提出的评价不能市场化的环境和文化景观的各种技术，与市场化商品的评价方法相同，如基于个人偏好的方法。

10. 即使方法听起来有道理，许多估值（尤其是非使用价值）是基于有前提的"条件价值评估"的调查，这意味着对其结果不能太当真。人们说他们愿意支付多少和他们实际的支付之间有很大差距。为了考察这种差距，调查者在邮寄支付意愿调查问卷时，附上一个账单，让被调查者支付声称愿意支付的金额。虽然很多人支付了，但差距毫无疑问是很大的。

第二部分　治　　理

引　言

区域竞争力依赖于其网络化生产的组织形式。该论断的直接推论就是企业，尤其是中小企业，更依赖于其所处的地方环境。为了发展与兴盛，企业需要利用各种各样的、通过不同方式提供的商品和服务。当这些商品和服务在一个特定的地理环境中供给时，可被看作是"当地竞争性集体物品"（Erouch et al.，2001）。它们可能跟相关技术的可得性、与技术进步或外部市场相关的信息获取的便利性、区域品牌的共享性等有关。这些集体物品和服务使得位于这里的企业具有竞争力，且这些集体物品和服务结合起来就为地方应对竞争力相关挑战提供了解决方案：包括劳动力、生活方式、财政能力及最重要的信息容量（informational capacities）[1]。这些集体物品并非随机出现的，其供给需要社会或政治安排来保障时，通常与中央政府的区域政策（包括目标和方法）密切相关，而这些中央政府的区域政策多是通过多层级治理模式实现的。

涉及不同层级政府的治理模式——或"多层级治理"——已经成为区域政策制定关注的重要问题，且在 2003 年 OECD 关于"区域发展政策创新与有效性"的高层会议上被认定是区域政策制定的核心要素之一[2]。多层级治理，当时被理解为跨层级政府间权利的分配及其运用，20 多年来，其含义已经发生变化。权力分散使得地方和区域政府权力更大，并且增强了其制定各自发展与管理相关政策的能力。随着私营主体参与政策制定以及公私合作日益增多，利益相关方合作的模式也更加多样化与复杂化。地方和区域政府较之 20 年前更多地置身于全球竞争之下，他们也希望能在国家政策措施的制定和实施中拥有更大的话语权。地方和区域民众对政策实施的效果施加压力，且要求公共资金资助项目能为居民生活带来实际的正面影响。不仅如此，区域政策的主要目标也从再分配转向了促进增长。考虑到这些长期趋势的影响，公共开发及相关项目的经营与管理变得更加复杂，要求也更高，需要重新思考国家和次国家政府应该怎样合作。

旨在提高地方和区域竞争力的新的治理形式着重强调合作。它可以是纵向的，反映低级和高级政府之间的关系（第4章），也可以是横向的，如社区间或区域间的合作（第5章）。合作关系还涉及某一层级政府下的不同利益相关者，尤其是公共部门和私营部门主体（营利的或非营利的）（第6章）。实际上，这些不同的合作方式可以被整合到同一个系统中，如墨西哥或捷克的"微区域"（micro-regions）。第7章将进一步强调上述治理实践中常见的三个问题。

第4章 不同层级政府间的合作：转移支付，合同管理与激励机制

本报告第一部分表明，竞争力提升战略涉及多个部门，且包含许多不同主体。中央政府通过支持公共服务供给——其标准由国家制定——来对这些机制进行干预。可以看到，地方公共服务是区域吸引力的基本特征。如果这些服务的提供依赖于地方政府的决策及其财政资源，将会导致连贯性上出现重大风险。确实，地方和区域政府会选择通过降低地方税收（或降低环境管制标准）来相互竞争，以吸引私人投资，这反过来会降低其地方公共服务水平（"竞次"问题）。

然而，中央政府的作用远不止简单的拨款和标准制定。涉及当地竞争性集体物品的生产时更是如此，当地竞争性集体物品相当大程度上依赖地方的投入，如建立经济主体或本地人脉之间的关系网。在此情形下，中央针对地方和区域的政策应该在与地方和区域政府积极协调的基础上进行。中央政府因此也应该通过干预促进不同经济主体之间的合作，如利用财政手段鼓励不同政府间的合作，鼓励支持当地项目合作关系的多样化，将私营部门吸纳进来，等等。在地方项目上引入竞争机制以获取中央政府资助，也可以是一种促进区域合作的有效方式。

然而不能片面依赖中央资源及其专业程度。在强调区域异质性及寻求知识资产的背景下，地方和区域当权者最有资格识别那些可能未被开发利用的增长要素及促进区域提升所要采取的措施。这里更需要自下而上的方案，而不是顶层设计方案在地方实施。怎样的组织设计可以使中央和区域层级的政府都参与进来，且其关系是合作而不是等级制的？本报告接下来探讨各层级政府间合同关系的类型。

4.1　权力下放与财政转移支付

尽管理论上地方当权者应该利用自己的税收提供公共服务，但是所有国家——包括权力最分散的那些国家——都在不同层级政府间通过政府间转移支付的方式产生公共财政关系。通过转移支付，中央政府尽力保证所有地方政府都能履行提供一定量公共服务的职责，这些公共服务通常制定了一个国家标准。中央政府通过以下方式对地方财政有所补充：

1）用于特定地方公共服务类型的专项拨款。

2）在这些专项拨款中，有些是根据地方政府总体花费金额[3]给出的相应拨款（通过衡量管辖边界之外地区的受益程度给予当地政府一定配比的补偿）。

3）未指定用途的一般性拨款[4]（根据与地区人口和地理学特征有关的公式来评估确定拨款金额）。

不同类型的转移支付对公共政策制定者在地方和区域层面的行为有所影响。如果讨论的是指定用途且按照一定配比下拨的款项（根据 2004 年欧盟使用的措辞），地方政府对该项花销进行安排的空间就极为有限。而如果转移支付不是按配比下拨的，或为一般性拨款，地方上决策的自由度就将大很多。

政府间财政转移支付的趋势凸显出不同层级政府间关系的复杂重塑。

第一，有一个明显的趋势是，绝大多数国家中央政府的转移支付在地方或区域财政中的比重增加（图 4-1 和图 4-2）。

从图 4-1 和图 4-2 可知：

1）OECD 成员国财政分权程度差异很大。例如，次国家政府在各级政府开支中的比例从少于 6% 到逾 50% 不等。让人惊讶的是，一个国家政府的宪法框架——联邦制或集权制——对财政分权程度几乎没有影响。有些集权国家的次国家政府掌管的公共开支，比起联邦制国家来说，比例更大。

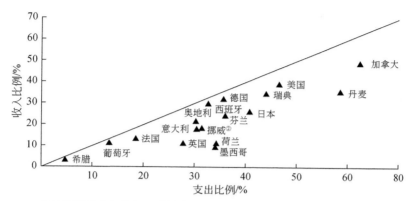

图 4-1　OECD 成员国财政分权指标：次国家政府在政府总收入和总支出中所占比例（2002 年[①]）

注：收入包括直接和间接税收及来自地方和区域政府的非税收入，表示其占联邦政府（或中央政府）总收入的比例。

支出包括区域和地方政府的支出，表示其占联邦政府（或中央政府）总支出的比例

①或最新可得年份：日本，2000；法国和西班牙，2001

②仅限本土。数据将石油生产收入排除在外

来源：OECD 国民核算数据库；挪威统计局；加拿大统计局；美国经济分析局

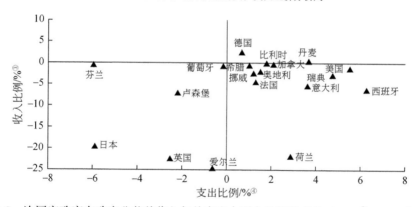

图 4-2　次国家政府在政府公共总收入与总支出中所占份额的变化（1985[①]～2002 年[②]）

①或最早可得年份：爱尔兰，1986；英国，1987；日本、卢森堡和荷兰，1990；德国，1991；瑞士，1993；希腊、葡萄牙、西班牙，1995

②或最新可得年份：加拿大，美国，1997；爱尔兰，1996；葡萄牙，1998

③排除来自其他层级政府的转移支付

④排除向其他层级政府的转移支付

来源：OECD 成员国报告数据；挪威统计局

2）次国家政府的税收和开支份额在过去 20 多年呈发散趋势。在大多数国家，次国家政府支出比例增加了，而地方税收能力——除了少数例外——降低或保持稳定。OECD 成员国财政分权运动主要发生在南欧、中东部欧洲的国家，韩国和墨西哥。次国家政府支出份额不断增加，部分反映了次国家政府被赋予一些新责任［如意大利、墨西哥（OECD，2001a，2003a）和西班牙的健康医疗和/或非高校教育，1996 年加拿大活跃的劳动力市场政策（OECD，2002c）和匈牙利的基础教育（OECD，2001c）］，而许多国家地方税收能力降低，如法国，地方税收就被转移支付取代（OECD，2002d）。

3）对于大多数国家来说，次国家政府支出比税收收入要大，且该差距随时间不断变大。这表明政府间大规模转移支付体系的存在。政府间拨款的规模和结构及其管理成为多层级治理的关键问题。

第二，没有指定用途的转移支付是普遍存在的（美国是个显著例外的案例）（图 4-3）。

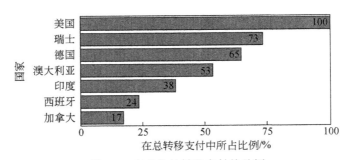

图 4-3　有条件的转移支付的份额
来源：Department of Finance，Canada，1998

第三，应用性研究表明，很多时候匹配性拨款其匹配率明显超过任何可能产生溢出效应措施所应得的份额（Oates，1999；Inman，1988）。

根据地方财政相关的流行经济思想，对上述趋势可能会有不一样的看法。降低地方政府财政独立性，其好处是使中央政府能更有利于掌控增长及相关资源配置；然而对地方政府来说，却阻碍其当权者对选民负责，并阻碍其提供成本低效益高的地方公共服务。不过，由于大多数财政转移支付是非指定用途的，这会带来另外的风险，即降低中央政府掌控力。此外，这种财政给地方掌权者带来巨大的责任负担，而他们却不一定有能力来承担。当然，这些趋势也有优点，尤其是能降低转移支付的交易成本（特别是行政成本）。

尽管政府间转移支付的这些趋势会被简单视为中央对地方失去了控制，但实际上值得更加深入和仔细的分析。财政预算决定通常是中央和地方政府谈判的结果，但在这里，可被看作是由不同于权衡预期公共项目成本收益的一种政治驱动标准所产生的结果。然而，如果认为公共决策制定过程是应用规范的指导原则自动产生的结果，而不是谈判的主题，同样是脱离现实的。很多时候，中央政府拨款不再仅用于抵支收入，更多的是用于各级政府共有的权职；同时，其分配也不是一劳永逸，不能促使区域保持其相对优势并提高竞争力。在这种背景下，政策战略措施等会受到决策不确定性的影响。由于"委托人"（中央政府）和"代理人"（次国家政府）[5]之间信息不对称，且不同主体之间有对话的需要，合理的发展战略更有可能产生于决策过程及政策执行过程中存在多元参与的情形下（有不同类型的行为主体，中央、区域和地方）。

4.2　区域发展合同

不同层级政府之间的财政关系包括但绝不仅限于支持上下级政府之间资金转移的体制机制。尤其是越来越多人对在不同层级政府之间签订合同感兴趣，将其视为一种响应中央政府参与地方开支以及将不同参与主体凝聚到一个共同目标下的实践行为。合同具体阐述设定的目标、转移支付的性质，转移支付附加的条件及不同参与群体的义务。尽管合同也能从中央政府的角度对一些再分配方案（区域和城市之间的再分配）提供支持，但它并不是用于事后补偿的工具，而主要作用是中央政府要运用它在区域和地方发展战略中做前期预防。同时，合同也可以明确规定地方决策者能起什么作用、可接近哪些区域及资源，以便提高其聚焦问题、利用未开发潜力的能力。除了公共部门参与之外，也将允许地方第三方（如商业代表、市民、利益团体等）参与合同谈判。合同可在维系国家层面预期连贯性的框架下，推进多元化利用及每个区域特定属性的开发。合同各项内容是协商谈判的结果，该事实意味着较之于将区域和地方情况同质化的方案，它与不同层级政府间共享的规划方案有更多共性。

在各种各样的民主国家都能找到合同管理这种治理模式，他们不能归于某一特定形式的国家组织[6]，且包括以下所有或部分复杂的机制，如：

1）涵盖不同层级政府，且发生转移支付的纵向关系（对欧洲国家来说，还包括超国家尺度的欧盟）。

2）地方横向联系。包括不同地区政府和私营部门参与的若干个合同[7]。

3）中央横向联系，如为克服传统部门政策分割，在区域政策中不同部门之间进行协调合作[8]。

4）条件和激励机制安排。为了遵守合同的条件，区域提出的计划必须有非常详细的时间安排、技术内容、环境影响、成本等。此外，在许多国家，合同在资金上是靠转移支付支撑的，而这又依赖于区域政策及开发项目成功与否。这些转移支付附着的条件不断发生变化[9]，但与所有合同一样，它们塑造了影响当地政府行为的激励机制。

4.3　区域发展合同的三种基本模式

区域发展领域有三种行政合同：规划及项目合同整合区域范围内若干政策及项目；执行合同主要致力于将区域和地方规划委派给地方各级政府；合作合同是为了实施特定的项目或工程，通过建立不同团体之间彼此的承诺而组织起来的不同团体之间的合作，因为每个参与方原则上在合作中的地位是平等的，所以合作合同并不反映一种委托/代理的关系。

4.3.1　规划及项目合同

项目合同有好几种（尤其是瑞士，有区域公共交通项目合同和森林管理项目合同）（TR Switzerland，2002）。我们主要观察该领域最具代表性的体制机制之一，即法国的国家-区域规划合同——CPER（TR France，forthcoming），因该合约越来越具有多部门参与的性质。

国家-区域规划合同出台后几年内就成为区域发展政策的关键手段。在 1984～1988 年，1989～1993 年，1994～1998 年（后延至 1999 年末）和 2000～ 2006 年，所有区域都通过了该合同。该合同是关于区域未来一定时期将要实施的一系列政策和项目的一个详细文件。中央政府和区域共同资助合同中所涉工程，近期的合同还包括来自下级政府和欧洲结构基金的资助。该合同包括一个财政附件，里面说明合同期每个参与者应当承担资金的精确数额；这并非隐示中央政府和地方政府之间简单的转移支付预算，相反，它更多的是通过详细描述每项措施的目的，来强调每个参与者的责任和义务。

法国"权力分散法案"的颁布对国家-区域规划合同有重要影响。随着区域在政策制定过程中有更多权利，合同延伸到新的领域，而且往往伴随着更多的预算（越来越多地需要区域和地方政府提供财政支持）及新的参与者，如市民团体代表。其结果是，国家层面的规划完全被国家-区域规划合同替代，该合同为制定有远见的、可协商的政策提供唯一框架。

第一代合同主要致力于基础设施工程和工业现代化，而第二代合同涉及的问题更广泛，包括区域创新和城市规划。20 世纪 90 年代，这些合同的预算大幅增长，涨幅超过 45%，部分原因是有新的资金来源（如地方政府和欧盟基金）。此外，中央政府试图通过合同给较贫穷地区提供更多资源，使这些地区能够处于更平等位置去与其他地区竞争（这被看作是区域均衡的补充手段），资源提供比例的依据是其失业率、就业前景和财政能力指数。其想法就是通过把合同作为其他传统的、以补偿费为手段的项目的补充，来推动地方发展。现行的合同（2000～2006 年）强化了这种趋势。现在预算变得更加重要，而且区域预算份额稍微高过中央政府份额。合同下的公共投资占中央政府预算的 15%～20%，区域政府预算的 5%～30%。例如，在法兰西岛（巴黎及其相邻区域）地区议会份额超过 60%，而中央政府是 39%。中央政府所占比例在不同地区之间各异，从 39%（法兰西岛）到超过 63%（利木赞），反映政府在帮助竞争力较弱地区追赶上所做的努力。通过合同管理方式对区域项目贡献最多的部门是基础设施、交通和住房部（40%），其次是教育部（17%）和农业部（9%）。不过其实绝大多数部门都参与到国家-区域规划合同中。

现行的规划合同围绕四大部分构成：可持续发展（这已经引导政策制定者将投资偏向公共交通和铁路而不是公路），所有部门的就业，固定投资（这催生了一些城市更新项目、公共服务升级项目等）和"非物质功能"（如教育和研发、信息和通信技术传播等）。现行的合同包括一个将工程分类的全新系统，主要有如下类别："区域问题"、"地方问题"（区域下面各地区的问题）和"区际问题"。最少25%的合同预算必须用于地方问题的解决。

组织安排：规划合同的实施需要多方参与——中央政府、地方和区域政府，他们的代表和一些中介机构（图4-4）。

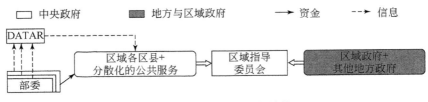

图4-4　区域合同的组织结构

规划合同是两组不同参与者长期相互协调的结果：①当选的地方各级政府（长官）及在其统筹下的区域"发展主体"（公司、协会等）；②由国家政府指定而非民选的区域长官，充当中间调停角色。所有区域规划项目都是由国土整治和区域行动代表团（DATAR）统筹协调。不同部委形成指导委员会以协调中央和区域政府在区域不同行业采取的行动。需要注意的是，现行的这套合同，在处理国土开发问题时，是由市际组织结构而不是指导委员会管理横向项目。

挑战：事实上，这种规划合同存在很多重要问题。推迟执行合同中所含的决策可能迫使其延续到2006年后。然而如果最终结果不佳，很少归因于想逃避责任而故意违反合同，更可能是因为预算控制，或因资金再分配，或成本预算不足，或前期研究未完成等因素导致的资金未能及时到位。除了上述这些可能公认较为严重的事件，合同通常都照常执行。当不能执行时，其中的当事人很少会在行政法庭索赔；索赔者一般是第三方。实际上，不管是中央还是地方政府都不想在法庭上解决这样的冲突（丝毫不是因为法庭漫长的审判程序的缘故），他们不得不开展合作，从根本上来讲是因为法律的强制执行效力，可是一旦上了法庭，即便通过判决能取得满意结果，但是损害了双方持久关系，也是得不偿失的。因此其首选解决方案是在其他主题上进行协商以寻求赔偿。此外，很多地方政府官员抱怨说中央政府不重视其财务承诺。另外，一些批评家认为这种制度安排更像是政府权力下放的一种手段，并未在合作方面赋予真正的动力；其消极的一面就是由于国家政府有较强讨价还价的资本因此依然是自上而下的，这导致各区域行动方案的重点并没有显著区别。

法国当局已经意识到这些问题。正在进行的一项针对 CPER 策略的评估报告提出了一些颇有争议的建议，其中较为重要的是提出要围绕少数结构性政策重新确立规划合同的中心地位，但是很多观察家认为这样的改革会威胁地方的积极性。另一个重要的建议跟评估程序不足或缺失有关，而这可以借助更透明及更独立的评估委员会予以改善。其他财务上的考虑也导致他们建议预算有更强的可替代性。最后一个重要的建议是为了加强 CPER 策略长期的连贯性，可以建立一个长期国家方案，由区域负责提出一个能巩固其作为（国家和地方层级间）主要中间结构的"定位战略文件"。

4.3.2　执行合同

这种合同在法国是以法律形式存在的，在荷兰以 VINEX（荷兰第四次国家空间规划政策补充文件）条款的形式存在，在德国以关于区域规划实施的合同管理形式存在，而在意大利，则由有相关职权的中央政府、大型企业、中小企业协会、工业区代表一起，就谈妥的项目下一系列活动的实施而制定合同。下面我们将重点放在荷兰和德国。

荷兰：荷兰将自己定义为一个权力分散的集权国家，它有三个政府层级：中央政府、省和市；其基本特征就在于"合作型政府"的管理实践（荷兰语Medebewind，即联合管理），也就是说在大多数领域的政策制定通常涉及中央政府和当地政府，当然部分原因是国土面积相对狭小。其决策过程通常包括建立共识的阶段，即便有时候需要耗费较多时间。由于国家不像法国那样分裂，而且人口密度很高，因此荷兰有覆盖全国的空间规划。合同作为全国空间规划执行的手段，也可被视为"合作型政府"的具体操作形式。

其全国空间规划主要解决全国核心决策问题，如构建国家空间战略，并实施部分国家层面的规划功能（类似于我国的国土空间规划加上重大项目实施计划，译者注）；地方自主编制和实施结构规划和土地利用规划，但必须遵守全国规划对应的各项规划决策及具体政策。然而，1991 年通过并沿用至今的 VINEX 条款中，中央政府决定与省、市，包括区域团体（在荷兰，属于副省级）签订合同。为了简化谈判过程，中央政府直接与四个主要城市及各省联盟签订合同，并且授权各省与其他 18 个都市区签订合同。这些合同内容涉及住房、城市扩张、绿化、公共交通等。作为中央政府财政支持的对接机构，地方政府必须按照全国规划指引使用其职权，尤其是规划相关方面。

多边合约 "规划和环境"（Ruimtelijke Ordening en Milieu-Planning and Environment，ROM）是针对脆弱区的又一案例。在规划项目基础上有一轮磋商，当所有参与方达成共识之后就正式签订合约。与 VINEX 条款相比，私营机构在该合约产生的过程中是可全程参与的。由于该战略形成共识基于一揽子交易，即每个参与方都必须在某个主题方面达成一致才能对整个方案付出承诺，因此其内容包含大量主题。

自 1999 年至今，都在准备第五次报告，而且应该很快就出台了。像以前那样，规划文本并没有合同或约定条款之类的说法。约定条款不是规划工具而是实施工具。第五次报告能否及怎样通过合同或约定条款顺利实施，现在考虑还为时过早。

德国：合同安排在德国规划体系中除了具体的几个方面，基本没什么地位。关于联邦和联邦各州之间的关系，制度安排取代了大多数政治协议。联邦委员会保障州政府在联邦政策上进行共同决策的权利，那些对联邦州经济发展和规划都有影响的联邦政策由联邦委员会管理，地方政府对其决策拥有集体控制权。另外还有 13 个部门间委员会由协约设立（协约同时制定其工作规则），并在涉及几乎所有政策领域上维系着联邦及联邦各州政府的关系。然而，这些委员会的审议意见可能会导致所有州政府在某些特定政策的执行上达成集体协定。这样的案例包括各州针对联邦政府在城市规划相关措施上（2001 年 11 月 19 日，2002 年 4 月 9 日）的财政支持形成一个行政协议，使国家政府不得不基于各市工程项目进行财政转移支付[10]。不同层级政府间交流的过程和审议模式在德国通常被描述为对流原则。德国的体制结构或许并不需要合同安排在规划上取得重大发展。

4.3.3　合作合同

合作合同的目的是管理不同参与者之间的合作，以实施某个项目或工程，并签订他们之间的互惠承诺；在意大利和西班牙法律框架下的大多数合同安排属于合作合同范畴。与德国相反，西班牙和意大利的合同安排在过去的十年里增加迅猛，这可能是责任向区域移交的结果。在很多方面，意大利的情况和西班牙颇为相似，当然也有不同。区域以下层级合同安排的发展非常重要，但同时中央和区域政府间合同关系发展也嫌不足。与西班牙相比，意大利的区域政府在国家政策制定中参与不足。此外，意大利的法律传统对公法合同持消极态度，而西班牙则相反，行政法涵盖极为宽泛的法律关系范畴，其中也包括合同。

西班牙：在区域参与国家政策制定过程相关制度缺失的情况下，西班牙一些议会、部门会议和其他混合机构数量激增，区域能在其中参与影响其利益的关键决策（如财政政策、健康、科研和技术等）。有超过 400 个混合机构，可供中央和区域政府间就政策、工程和财政问题展开讨论。中央和区域政府间的关系也通过各种各样的合同得到发展。有法律试图对相关决策过程进行组织及清晰阐述［第 12 号法律（No.12/1983）和第 30 号法律（No.30/1992）］。后面的一项立法确立了中央和区域政府间的 3 种合同安排：

1）在部门会议中通过的协定，是包括所有区域的；

2）合作协定：它们是双边的，可以在不同行政管理部门间；也可以建立永久的公司结构，但必须能提供资金；

3）联合计划和方案：它们是为了达成中央与区域共有权职范围内的共同目标而签署的介于二者之间的合同；它们也是双向的，有时候也可以通过合作协议联合发挥作用。

意大利：意大利合同治理体系始于 1970 年，此时中央政府职能开始向地方转移。1977 年 7 月 24 日第 616 号总统令紧跟转移趋势，提出一系列合同管理的制度安排：如针对有跨境活动的边界地区之间的合同；针对学校设施使用问题，由中央、区域及其他地方政府间签署的合同；以及针对偏离地区规划准则的市政工程，由中央政府和区域政府之间签署的合同。作为对中央与地方政府紧密合作诉求的回应，宪法法院确认了这种合同安排的可行性。随后，设立其他法律以保障中央政府、区域及地方政府之间合同的执行，特别是 1986 年针对梅索兹阿诺地区开发项目的第 64 号法律。随着第 142 号法律（No.142/1990）和第 241 号法律（No.241/1990）的颁布，合同或协议更是变成管理行为中一种常用手段。前者给予城市自治以法律效力，而后者是行政程序方面第一部普通法。合同管理的制度安排及其发展使 1996 年 12 月 23 日第 662 号法律颁布并定义了新的合同管理分类系统，该法律至今有效。

1）协议项目：由不同的公共主体或公共与私营主体基于同一目的签订的协议。

2）机构项目协议：包括一个财政计划及多年实施方案。

3）框架项目协议：在应对复杂项目时使用，决定各方义务，提供必要的服务会议及实施协议。

4）领土盟约：是经地方政府、社会利益集团及其他公私团体同意的、针对与"框架项目协定"类似的一些发展项目的一种干预方案。

5）地区项目：经公共管理部门（中央、区域、地方等）、工人和雇主代表同意的、旨在通过干预以促进当地的工作机会增加的一种项目。

此外，第 142/1990 号法律的项目协议在地方政府新法典（Texto unico delle leggi sull'ordinamento degli enti locali，2000 年 8 月 18 日第 267 号）的第 34 条条款中依然有效。其目的在于执行一些需要不同公共管理方联合起来共同努力才能实现的市政工程或项目（或其发起者是省市自治区的管理人员），并且通过发起服务会议确保协议能够实现。该协议需要省、市、自治区当权者的正式批准。若有冲突，应诉诸地区管理法院。项目协议已成为意大利最常见的合同安排形式。

加拿大：加拿大人力市场发展协议及基础设施项目，也是采用类似形式，即联邦-省合作伙伴关系形式。

积极就业相关的联邦-省合作伙伴关系。在各省期望对劳动力市场有更多掌控的诉求下，联邦政府于 1996 年决定将制定积极就业市场计划的职责下放给各省。其中包括 1997～1998 年联邦政府向地方政府转移支付 15 亿加元，以及转移 3500 名政府雇员。此后两年，联邦政府与大多数省政府之间就劳动力市场发展协议（LMDAs）内容进行了谈判；到 2001 年 6 月，已与除安大略省之外的其他所有省区进行了谈判。协议有两种类型：第一种为将所有职权完全转交给省或地区；第二种则为共同管理，其间没有资金及雇员的转移。在劳动力市场发展协议下，各省及地区承担发起劳动力市场支援项目（与就业保险法中所说的"职工福利及相关支持措施"类似）的职责。劳动力市场发展协议共同管理机制涉及中央和省政府在管理"职工福利及相关支持措施"方面的一种新型伙伴关系。11 个已完成的程式化评估初步结果显示，劳动力市场发展协议对于伙伴关系、项目及服务的统一和和谐，以及地方灵活性都有所贡献。对合作伙伴关系有好处的因素包括在项目执行期间有共同工作及客户维系的强烈愿望。在某些情况下，合作能提高效率及效益。有关管辖权的大部分评估显示不必要的重复有所降低或持平。此外，75%以上的参与者对"职工福利及相关支持措施"服务给予良好或优秀的评价。上述结果证实协议为符合条件的客户提供了就业方面的支援。需要进一步研究的问题包括：有必要进行长期效果的评价；如何进一步提高协调水平；针对未被就业保险覆盖群体的服务存在潜在差距。

我们同样要提一下最近与基础设施相关的一个项目：加拿大基础设施项目。该项目是制定来保证多个财政年度专项资金划拨的。加拿大基础设施项目是 1994～1999 年加拿大基础设施工作项目（Canada Infrastructure Works Programme，CIWP）的后续方案。加拿大基础设施项目的核心焦点是绿色市政建设，如城市用水、废水、固体垃圾管理，包括其循环再利用及建筑节能性的提升。其他的侧重点包括当地的交通、文化及休闲设施、旅游基础设施、经济适用房、农村偏远地区通信设施以及公共机构的高速网络通道等。该项目由一个包括省和联邦代表的管理委员会通过联邦-省/地区合同来进行管理。任何一个管理委员会都由一名联邦主席及一名省联合主席共同领导。涉及两个省的管理委员会还会包括市民代表。在其他省，市民代表会被征询其在项目评估与选择上的意见。各省及地区项目中联邦政府投资份额（可计入成本的约三分之一）基于该省或地区占加拿大总人口及总失业人数比例来进行划拨。这里人口和失业人数被赋予同等权重。其他部分资金来自于省、地方政府及非政府机构，如公私合作伙伴关系等。总体来说，省政府贡献了另外的三分之一，其余的则由当地政府和其他机构来填补。拨款的优先次序由联邦及省/地区政府协商决定。

4.4　合同制的优缺点

4.4.1　优点

从多层级治理的角度考虑，合同安排有如下优点：

1）将区域及地方政策与国家重点项目相结合。合同安排就是既伴随权力进一步分散，又能维持政策制定及其实施连续性的各种举措[11]。

2）有助于地方能力建设。在合同安排中，下级政府并未被视作某项命令的单纯接受者；相反，下级政府通过实际参与决策制定及学习过程来承担职责。因此，合同管理的制度安排需要其作为地方代表的高度参与、较高的知识水平及工作能力。意愿（negotium）至少与由此产生的文书（instrumentum）同等重要。对规划型的合同来说只有一部分正确，对合作型的合同来说却是尤为正确。

3）尽管不是很明确，但也可在一定程度上使双方权益合法化。鉴于命令型政府已经不再可行，合同安排为政府向其他有关部门提交相关政策、征求其意见提供了机会，而相关部门必须遵守这些决议，并在谈判过程中再次确认其职权的合法性。因此这里合法化问题对中央及地方政府都是重要的。

4）帮助解决体制碎片化的问题。合同安排旨在构建一个地区层面可提高不同部门间协调合作能力的有效工具。就这一点而言，其在碎片化的治理体系中（法国、意大利、西班牙）比一体化治理体系中（德国、荷兰）发展得更好，前者倾向于变成万能的手段，而后者通常只用于某些目的，范围更窄[12]。至于当地辖区之间的协调问题，合同安排可以促进地方政府间开展横向合作。

5）维持关系稳定。合同建立了长期的承诺关系，这使各方对其对手（或其他参与者）将做出何等决策更有把握。尽管不是百分之百可靠，但却将机会主义行为和政治风险降到了最低。由于大多数合同安排包含多年的财务约定，可帮助克服年度预算原则所拥有的缺点。在执行合同中可预测性带来的积极影响尤其明显。合作的直接结果就是减少了机会主义行为。当中央政府资源能保证到位时（法国 CPER 会有例外），从规划合同和项目合同中也能取得上述效应（即将机会主义行为降至最低）。

6）合同安排使预算金额巨大的、复杂的、单个政府无法承担的一些项目的责任平摊成为可能。

7）合同安排是使合作伙伴参与进来的程序之一。平摊责任的同时也是平摊风险；不光是财政风险，面临困难时也可能包括政治风险：在所有方面都共同参与的情形下不太可能发生政治批判。因此，合同安排可以充当某种保证，但仅限于执行合同，因为此时决策权仍属中央政府。

4.4.2　缺点及执行中存在的问题

合同安排也有很多缺点：

1）协商谈判及执行的高成本（交易成本，尤其是项目合同及合作合同），以及需要承担信息不完整的风险 [13]。

2）使用合同安排的国家都提到该体制安排形式激增的趋势（法国、意大利）。

3）不同国家执掌相应业务的部委不想放手其特权。

4）虽然与自上而下的权利分配等级制度相比，这些协商机制被认为最大限度地提高灵活性，但他们也可能会在参与方要严格致力于既定长期方案（尤其是规划合同及项目合同）时缺乏对变化的响应能力。

5）上级政府拨款是否应供给资本形成和/或经常性支出。只支持资本形成而不支持与之相关的经常性支出，忽视资本形成与经常性支出之间的动态关系。被拨款地区在投资固定资本以后，可能不会支付经常性支出；或故意忽略对其维护以便在将来获取更多拨款。此外，许多项目面向"软"基础设施发展，但技术上或财政上这种项目却未被视作资本形成，因此得不到拨款。此时资本拨款的偏见就会忽视软资本的形成，如能力建设或区域知识体系建设等。

6）此外，对合同安排极少事先进行评价，也就是说度量该工具的真实绩效是不可能的，而且合同安排常常也缺乏透明性。由于对合作本身的评估是复杂的，该局限性尤其体现在合作合同上（以及部分项目合同上）。

7）另外，地区以下级别根据上级指示被置于合同机制里，这也通常被诟病具有权利关系的印记。并且也凸显在任命区域中间领导时缺乏下级代表所带来的风险。

8）但是，如果没有地区领导的话，把当地机构与中央政府捆绑到合同关系中会更加困难；会使整个纵向关系（如果能被建立的话）有缺乏连贯性的风险。因此地区领导更应被认定为居中而非是首位的。

4.5　政策制定相关问题

我们对合同安排的讨论产生了许多问题。由于没有完美方案的出现，我们必须注意到使用这些合同安排的国家正在深入思考建立中间领导结构的必要性，合同应该覆盖的合适时间段以及他们应该覆盖的地理区域等问题。

4.5.1　中间"领导"结构的必要性

任命一个当地机构作为合同关系中的辅助代言人既有优点又有缺点。地区以下级别的组织机构是否应该合并到一个整体的合同框架中以提高不同级别政府之间行动的连贯性呢？就像瑞士三方（社区、州以及联邦政府）委员会那样。还是说应该增加中央政府与不同层级政府之间的合同量，就像意大利那样？某一区域，如果它在很多开发援助合同中都作为参与方，包括超国家的一些合同里也是如此，那么建立一个中间层级的地方发展机构，对于整体合作伙伴关系的连贯性来说，被证实是有益的（参照南部意大利）。将越来越多利益相关方囊括进合同框架当然有助于保证所有潜在创新者的参与，但是当决定共同政策的时候，会使效率变得低下。在法国，他们认为协调经济发展的责任在于区域，但不能让它们做领导者。

4.5.2　合同有效期

在建立这种机制的过程中，初始的协调工作耗费了大量时间（法国的国家与地区之间的合同，意大利区域公约及项目合同，加拿大的三方合同，等等）。在意大利，最初的协调工作更被看作是保证合同顺利执行必不可少的流程，显然，这是因为分享经验、参照系统及目标等的决策网络具有持久的特性。然而，初始协调的成效很难测度，并且因为接下来采用合同形式而削弱人们对它的认识。意大利强调有必要建立更清晰、更有效的激励机制，如奖酬体系或与绩效挂钩的奖惩制度（受欧洲绩效储备体系启发形成的观点）。

4.5.3　超出管理边界

不仅仅地方经济发展战略可看作不同政府层级间关系的结果，在许多不同国家也可以看到，与周边地区的分工合作，新合同里的合作伙伴关系，本身就是合作过程的结果（芬兰就是如此，区域议会是自治市之间合作伙伴关系的结果）。因此，横向合作成为中央政府干预的前提条件。法国农村地区的国家合同（contrats de pays）就是这样的。有些国家特别针对城市发展采取该方法，通过总结多层级城市合作关系可知，中央和地方政府要在一系列共同任务及完成这些任务须共同承担的责任上达成一致意见（法国的城市群合同，加拿大的城市发展协议等）。最近在法国、瑞士等国也有一些大都市合同类型产生。

4.5.4　建议

通过比较分析，我们有 6 条政策建议：将实际责任转交给地方当局、提高中央政府能力、聚焦关键项目、确保其透明度、组织监督、组织全程评价。

1）将实际责任转交给地方当局：在此无须再次论证政府分权的重要性，但我们得再次澄清分权的含义。它要求当选的地方和国家以下层级机构必须被赋予自主权。对于跨层级政府的合同安排，分权是其使用的前提条件。分权与否显示管理合同（是为了澄清某组织内部责任）与多层级政府系统内运作合同的区别。

2）提高中央政府能力：任何不给中央政府资源以维持整个政府系统运转的大规模责任下放都可能会破坏整体凝聚力。而跨层级政府的合同安排可能是一种折中方案，它有助于调和权力下放趋势与中央层级政策制定体系一致性之间的矛盾。通过跨层级合同管理，更多合作将与更多责任联结起来。然而必须指出，这种折中方案的基本条件是中央政府和区域性/地方政府在所有资源分配上都能实现平衡。此外，合约并非政府传统手段的替代品。相反，能够重新转向利用特权手段，必须作为保持中央政府谈判能力的一种重要资源。

3）聚焦关键项目：合同激增会削弱责任及政策效果，并使协调更加困难。就这方面而言，建立框架型合约是有好处的。另外，那些聚焦于关键问题的合同通过提出具体应用方案来解决具体问题；这种合同也有助于节约行政花销、促进政策制定过程中政治团体的参与以及提高透明度。

4）确保其透明度：透明度意味着"信息公开"及"程序需要"。在缔结合同的所有阶段都要保证信息公开，也就是说，要使公众能够比较容易接触到相关文件。这里的"程序需要"更难定义也更难执行。对于规划文本来说，广泛的咨询和调查过程是法律规定的，且近期再度被欧盟法则所强调；与之相比，合同安排透明度相关的法律规定还很薄弱，公共参与的水平基本都交由当地政府定夺。考虑到合同安排如此产生（产生过程缺乏信息公开及公众咨询）且其决定后续项目执行过程中公共参与部分的内容，这简直就是自相矛盾。尽管在合同谈判阶段引入太多程序性的义务是不合理的，但其中至少一部分流程应该依法向公众开放。

5）组织监管：尤其对规划合同安排，这是非常必要的。这种合同通常要持续若干年，伴随纸质合同生效执行，其具体实施会持续较长时间。因此必须确定相应机制，使参与者能够分担合同规定的责任，共同面对困难并找出解决办法。为此有必要建立一个合理的监管汇报系统。

6）组织全程评价：对于合同安排，现在大家基本上认识到评估的必要性。但是如果没有作假的话，评估结果往往令人失望。确实，评估的质量实际上在合同签订的时候就决定了。评估的技术要求必须在制定目标、确定具体措施及建立汇报系统时就预先予以考虑。确定具体措施所需的信息收集要在最开始时就做到位。

总而言之，合同涉及复杂的机制，主要涉及不同层级政府间的纵向关系。然而，他们无法恰当地覆盖多个部门，除非这些与区域和地区发展有关的不同部门有能力协调其政策。

4.6　为实现区域发展目标高层级政府之间的组织与再组织：先决条件

在 OECD 成员国出现了几个不同的、旨在促进区域政策在国家层面协调的模式。其具体手段从负责协调产业部门行为的机构到拥有多个传统独立行业权责的成熟部门都有。

最简单及最常见的手段是通过部际委员会进行协调。OECD 成员国政府都有很多部际委员会来处理跨部门事务，其中通常有专门负责区域政策领域（如区域政策、城市政策和农村发展政策）的协调机构。这些协调机构有三个突出特征：正式性/非正式性；政治层面的协调；与预算分配机制相关。

1）一些协调机构组织相对非正式，其他一些则更有组织。例如，澳大利亚形成了加强不同部门间共识的非正式方法，而瑞士则使用更正式的方法来协调政策，其处理区域发展相关问题的部门必须在一个部际机关里定期召开会议。

2）负责部际协调任务（如主持协调机构会议）的往往是国家领导人、总理或在内阁担任要职的官员。在美国是由总统内阁负责，在墨西哥是由总统负责，在爱尔兰是由总理办公室负责，在英国是由副首相办公室负责，在奥地利是由联邦大臣负责。

3）另外一个重要方面是金融财政部门的参与及预算划拨流程与协调过程结果相关联。

有几个国家通过利用能提供促进行业间政策衔接的规划和顾问服务的专业团体和机构来增强部际协调机制。在挪威，"地方政府和区域发展部"区域发展中心负责协调其他政府部门的区域政策，大部分是通过部际机构实现的。在英国，区域协调中心——现在部署在副首相办公室——被建立来实施跨领域政策方案并对相关部门提出建议。在日本，国土交通省下的国家和区域规划局调整其国土/区域政策认识，为地方政府及地方其他参与者构建网络体系。在法国，国土整治和区域行动小组是一个跨部门机构，该机构和总理办公室（总理办公室协调国家区域政策并处理规划合同和欧洲结构基金相关事宜）直接联系，并且接收来自不同部门并由地方领导确定的、关于其区域发展优先位序和战略目标方面的信息。国土整治和区域行动小组在基金的分配中也起到重要作用：每年它从地方执政者那里收集预算需求，并向相关部门分配预算，必要时组织地方官员与各部之间的部际会议。当各部门确定分配资金的具体数额之后，通知国土整治和区域行动小组，再由国土整治和区域行动小组通知各地执政者。

尽管协调机构能起到重要作用，决策制定权仍主要掌握在执行这些政策的各部门手中。因此，即使在策划阶段或多或少整合得不错，在具体实施时还是很可能面临割裂、各自为营的局面。

为克服部门执行相关的、随着区域政策重要性提升而产生的各种问题，在某些情况下，部际协调机构被授予一些权利并给予实施区域政策的职责。法国的国土整治和区域行动小组就是部际机构的一个典型案例，它被赋予区域协调的职责，但也在区域发展规划、决策和政策实施中扮演正式角色。英国的副首相办公室也越来越趋于承担更多更积极的职责，而不仅仅是政策协调。在意大利，财政部制定开发与合作政策的部门在规划与协调投资项目方面有很大权力，特别是在中南部地区更是如此。

这些协调机构被赋予的另一个重要附加功能是作为区域政府在经济发展领域的窗口与平台，包括资金分配、拟定区域战略原则、为区域战略提供建议并进行审批、稳定汇率。

部际协调的另一种途径是通过部门合并或部门联合来突破部门职能界限，

当然通常只涉及部分兼并。例如：

1）2001年，日本重组内阁部门和机构，以建立更有效的政治领导权、提高透明度、简化中央政府、提高效率。新的国土交通省由四个部门和机构合并而成（国土厅、北海道开发厅、运输省和建设省）。在国土交通省内部并没有根本性的职能再分配，而且尽管其被赋予专门的区域发展职能，区域政策的一些重要方面还是归其他行业部门管辖（尤其是农业和经济方面、工贸方面）[14]。

2）英国同样建立了环境、交通和区域部（DETR），该部门合并了几个与空间发展相关的部门。由副首相承担其职责，副首相办公室也负责从更宏观尺度协调区域政策。然而贸易和工业部仍保留一些重要的区域经济发展职能，而且许多部门和机构联合管理农村发展政策。

有些国家已建立区域发展部门，这些部门负责区域政策制定及实施的不同方面。以前的一些欧盟成员国提供了很好的案例——如匈牙利和捷克——在这些国家，区域开发机构负责管理欧盟的区域性援助。正如在捷克的区域政策评论中谈及的，区域发展部在欧盟基金分配中起到重要作用，但是在加入欧盟以后其影响越来越小。尽管区域发展部与财政部联合起来作为入盟前结构基金使用的保证人，在区域发展背景不断演变的情形下，其能力正在缓慢而持续地退化，这从近期一些职责被转移出去及许多国家机关区域办事处的成立可见端倪。中小企业区域支持计划的管理职能（主要由捷克-摩拉维亚担保和发展银行管理），不再由区域发展部，而是由工商部（MIT）负责，工商部对该计划提供财政支持[15]。

最后要说的是，加拿大采取了完全不同的方法，1986年，联邦区域政策管理职能被分解，且成立四个区域性的代理处。这些代理处的任务是在地方层级解读国家发展优先位序并在国家计划和政策中反映区域和地方利益。一般来说，区域性代理处采取的许多行动是类似的（如关注中小企业、降低对直接商业援助的依赖，更多关注创新和社区），但各地区规划不尽相同，以因地制宜地解决特定方面存在的问题和差距。这些代理处也是"产业投资组合保护伞"（industry portfolio umbrella）的成员，其中还包括其他相关部门和组织，这样就为在联邦问题和国家计划上能保持连贯的联邦制提供一种政策协调机制。

第 5 章　横向协调合作

在关注区际合作特别是跨边界合作问题之前，我们首先分析城市间的协调合作，即市际统筹。

5.1　市 际 统 筹

尽管市际统筹问题已被许多国家提到议事日程之上，但却饱受争议。在某些城市结构高度分散的国家，市际统筹得到极大增长。例如，在法国，75%的人口可被整合到某个市际合作框架里。但在另一些城市分布密度较低的国家（如墨西哥和加拿大），关于市际统筹的争议很大。总体来说，关于市际统筹的观点是有分歧的。它能增大公共服务供给的规模（不仅导致其数量增多且能导致质量提高），但是协调合作及服务规模扩大过程中初始投资所涉额外费用会抵消其优势[16]。

市际统筹的基本组织形式有两种：城市整合（通过城市合并或兼并来实现）和合作关系模式。其中后者仅涉及联合提供公共服务（覆盖一个或多个部门）相关的一个简单协议，这个协议也只能起到将权力移交给为实现上述目的而专门成立的一个联合机构（建立当地政府一个额外部门或办事机构，如办事处）的作用，在某种程度上相当于设立一个中间层级将以前分散的功能再次集中起来。

5.2　为什么要进行城市整合

5.2.1　支持城市整合的一些理论依据

从常规角度来说，把城市整合到一起可以追求更大的经济效益（规模经济和综合溢出效应）以及财政绩效。经济理论表明，公共服务供给的人均成本遵循 U 形曲线，服务供给成本在规模达到最优点之前随着规模增加而下降，随后则随着规模增加而增加。Hayashi 把该理论应用到日本，计算出日本单位公共服务供给成本最低的最优城市规模为 12 万人口左右（基于 1990 年数据）。使用该基准，日本 80%的城市因规模不足而不能更为有效地提供公共服务（Hayashi，2002）。本地公共政策溢出效应的有无及体量取决于区域管辖的空间范围。因此消除这种溢出效应的一种方法就是扩大辖区范围，从而使成本和效益内部化。至于财政方面，单一税制和统一税率能使合并城市财政更公平，而城市合并也可使区域实现更好的政策协调。事实上，如果区域辖区较小，企业是不大可能挑动各区之间竞争的。

追求规模经济及综合外部性意味着城市间合并似乎是最有可能让社区规模增长的机制。相应地，其治理结构在功能模式上也被重塑以适合或接近大都市区的功能经济区。城市间合并案例包括哈利法克斯、蒙特利尔和多伦多，建立一个大都市政府管理机构的案例包括伦敦和斯图加特（专栏 5-1）。大都市区治理的功能模式有一些基本的特性：首先，它是基于功能经济区的治理；其次，它假定区域层级的一些决策权是自主的，不同于中央、大区域或地方政府层级的决策权；最后，该模式要围绕跨部门能力（也就是说并不限于特定的某些行业或服务）及大都市区发展所需的一些能力（如在交通、招商引资、供水等方面）进行建设。此外，大都市治理模式也有望提高都市区在国内外的政治权力。

专栏 5-1　大都市改革：大伦敦政府的成立

在大都市区治理的案例分析中，伦敦是一个独特的非典型案例。其大都市层级被中央政府法令废除，并在 14 年后以完全不同的形式重建。1999 年大伦敦政府法令通过，2000 年大伦敦政府成立。因此伦敦在过去 40 年里历经了 4 种治理模式。

大伦敦政府包括一个直接选举出来的市长及单独选举出来的议会，4 年

为一届任期。大伦敦政府代表英国一种新的治理模式，直接选举出来的市长和小型议会的 25 名议员职权有着明显分工。对于大伦敦政府每一项策略的制定，市长必须咨询议会意见。

议会审核大伦敦政府及 4 个主要部门的预算，在拥有 2/3 以上议员支持时，可以否决市长；议会监督市长权利的行使，并对伦敦出现的问题进行调查。

大伦敦政府的财政权利有限。它并不具备常规的增加财政收入的权限：它既不能收税也不能发行债券。当然它可以通过伦敦地区地方政府的规章制度增加收入，但这受到中央强力控制所有地方政府税收和支出的影响。除此之外，大伦敦政府收入的其他主要来源有政府补助及 2003 开始实行的针对在中心城区驾驶征收的"交通拥堵费"。大伦敦政府及其职能部门每年大约要花费 50 亿英镑，而公共部门财政预算总额为 450 亿英镑。33 个下级地方政府保留了很多权力，并负责提供大多数公共服务。市长制定区域战略，但这需要每一个行政区及相关机构具体实施。

来源：OECD Territorial Reviews of Mexico City，2004

5.2.2 困难依旧重重

确定最佳规模：试图寻求能实现最佳功能的区域规模的研究是无意义的，因为这并非考虑单一功能区，而是一个多功能区，该区域的功能多样性将取决于需要考虑的当地公共物品或服务的多少。例如，在丹麦，基于提供有效的当地卫生系统的成本分析，3 万居民是最佳规模，而这里的有效当地卫生系统，只是用来替代其他当地公共服务的一个变量。

区域规模过大导致的拥挤效应：当地公共服务常表现出"俱乐部物品"的特点，即对公共服务的使用权被限定在有限数量的人群，否则会有拥挤的风险。当相关资产使用人数超过一定数量之后，其他人使用该资产所能得到的好处就开始变小。公共物品的供给范围过大会导致这种低效情形出现。

规模过大导致的内部交易成本及其控制：规模经济和范围经济证实集聚的合理性。但是选民和高层政府因为渴望能更好地控制地方公共选择而倾向于较小的区域范围，这样还能阻止滥用官僚。

地区管理能力的问题：尽管许多人认为城市合并会带来潜在的规模经济，但是另外一些人，如 Kitchen（2002），却认为能否节约成本很大程度上取决于当地公共管理的质量。管理较大区域的能力是需要时间来逐步积累而提高的。

地区资源相关问题：合并城市带来的潜在成本节约的优势，会被城市合并带来新责任而缺乏相应配套资源的劣势掩盖。

放弃竞争带来的问题：对于公共选择学派来说，体制分割及更小化是保持竞争力及允许个体选择的必要元素。这项理论假定要素是流动的，因此城市间的竞争对于城市发展有积极影响，因为这能促进城市提供经济有效的服务，并提高某些区域公共服务供给的多样性。合并后的政府在很多公共服务上的垄断性，既阻碍创新又阻碍降低产品生产成本。事实上，关于竞争的影响，存在两种学派。一种学派主要考虑这样的竞争会导致公共产品太少，认为对新公司及新就业岗位的竞争会导致公共预算过小或环境标准过于宽松。或与此相反，如果这些预算是通过中央政府补助来提供资金的，那么城市间竞争会导致过度消费。另一种学派则聚焦竞争作为一种能抑制有关部门过度消费及其他不当财政行为的约束力所带来的有利影响。"人们对于政府间竞争作用的看法往往取决于人们怎么看待政府部门运作"（Oates，1999）。

5.3　城市整合政策实践

针对城市碎片化影响的管理策略在很多国家已发展数十年。其中争论的核心问题是城市整合。一般倾向于认为地方市政府数量减少在政权分散体制改革中是至关重要的。因此，一些国家对地方市政府数量做了大规模削减；这一行为通常与引入（或加强）一个区域或市以上层级政府同时进行。

城市整合一直是大多数国家项目的重要组成部分。相对而言，位于斯堪的纳维亚地区的国家（丹麦、挪威、瑞典）还有英国是将城市整合推进最深的国家，对城市整合的实施抱有坚定不移的决心。这通常与公共部门在当地机构中权力下放结合在一起。澳大利亚和新西兰在 20 世纪 90 年代也开始实施这一政策，但其结果却好坏不一（Sancton，2000）。其他一些国家还没有采取这项措施（或只在很小范围内实施），如瑞士、法国、西班牙和美国等。在一些联邦制国家，如加拿大和德国，这项政策推进程度不一，取决于州政府立场（也可能是省政府），或者该区域是城市还是农村。

可以看到，提高经济效率是丹麦、加拿大、韩国和日本这些国家进行城市合并的主要原因。丹麦政府认为仅建立城市间合作是远远不够的，所以期望增大城市合并的压力，过去其实一直也是朝这个方向努力的。然而，大多数国家认为，理论上城市最佳规模面临这样一个问题，即根据讨论的公共服务类别不同，最佳规模结果可能也会不同，尤其是强迫城市合并兼并更不可行。那些过去采用这种政策的国家，如荷兰，现在就认为只有一种形式是可行的——城市之间自愿签订合同，只有这样才能保证真正合作性地分享目标并分担公共开支（OECD Symposium TDPC，2004）。

就市际统筹政策而言，城市间友好合作程度可能仅仅是相邻城市采纳同一政策、中央鼓励或行政等级制度下来自中央的决定等的产物。大多数国家认同市际统筹的第二种形式，即合作关系模式（捷克、法国、希腊、匈牙利、意大利、墨西哥、荷兰、挪威、西班牙和瑞典……）。

实践方面所受的限制主要与地方认同的惯性有关（专栏 5-2）。城市整合在高级公务员和那些在较高级别政府工作的政府官员之间非常盛行。而表示不愿意的基本是当地选举出来的代表。对于这些城市的居民而言，他们经常拒绝与别的城市合并，因为他们担心会丧失一定的生活质量，也就是他们所说的"本土认同"。事实上，如果城市间是否合并由普选表决（全民公决或其他形式），那么得到的结果几乎是否定的，即使是在"打折扣"的安排下，如美国的城乡合并。此外，合并之后的城市似乎没有独立的城市民主，因为地方当局和市民更加疏远，导致对当选代表的监督控制缺失。最后需要指出的是，有时候有必要研究一下历史，来解释为什么地方认同感拥有如此魔力。因此，去体制碎片化似乎很难，也许这可以从捷克共和国在共产主义政府强制城市合并之后出现的"城市人口大爆炸"中得到说明。

专栏 5-2　城市合并需谨慎应对

瑞士的案例

　　瑞士不止一个方面很有意思。它同绝大多数欧洲国家（法国除外）不同的是，其市镇数量一直保持稳定。它有许多市政府（超过 2300 个），但通常没多少居民。在这个联邦国家里，市政府要听命于联邦州（cantons），并且构成这个具有直接民权及共识传统国家的体制框架中不可分割的一部分。因此，对其合并非常困难，几乎是不可能完成的任务。近年来，机遇来了，瑞士当地政治背景正在发生转变，转移到市镇政府的权利有了很大程度增长。这意味着实践中公共服务相关任务变得更加繁杂，且各市镇间相互依赖增强。同时，市镇层面的财政状况持续恶化，而民众的期待和要求却在不断增加。解决该问题的一个不得已的手段就是城市合并，因此，近几年市镇间合作大幅度增加：除却极小的市镇及农村地区市镇（少于 250人），近三分之二的市镇最近几年加强了其在市镇级协会组织方面的参与（Steiner，2003）。

其他一些例子

　　在蒙特利尔市，城市合并在推出不到两年就遭受强烈质疑。2003 年4 月新政府选举之后，那些支持其所在城市脱离合并的市民运动也获得新的支持力量。城市合并之后的脱离，既有政治原因（与决策中心距离增加），也有财政原因（在合并城市中缺乏一种内在经济并且财政资源再分配存在不公），还有社会原因（想要保持以前社区及城市的认同感）。2004 年 6 月进行了全民公投，结果有 15 个城市选择脱离合并的新城市。其他尝试将阿姆斯特丹和鹿特丹合并建立一个新的大都市政府的决议也被全民公投否决（超过 90%的鹿特丹居民投了反对票）。

5.4　经济发展政策目标下市际合作的实用性和适用性

　　面临上述重重困难，合作协议似乎是市际统筹的一个可行的次优选择。市际合作关系相对于城市合并来说有如下优势：它考虑到问题的多样性，允许多样化的集资（及其他资源集中）方式及合作关系。因此能兼顾提供不同公共服务的地区，同时也能更好地考虑到当地居民的需求和偏好。考虑到对其他辖区的溢出效应，可以促成各市就各自辖区外部性交易进行讨价还价，并在此基础上联合建设供给地方公共产品和服务（Jehiel，1997）。

存在一种支持城市合作模式的"双不"论调：既不合并也不竞争。除却城市联合及建立大都市政府，也可利用现有结构，通过地方政府合作来打破沉重的体制桎梏，地方当局的自愿合作能满足民众在单一城市无法满足的合理需求。一个与此相关的论点是，从公共服务供给的角度来看，城市合并并不是必要的，因为实现规模经济有其他一些方式（它们中很多涉及通过城市合作，但是也有如下文所述的通过私营部门来联合生产及提供公共服务）。

根据城市面临的不同背景及追求的不同目标，市际合作包含各种不同情形。一般来讲，它通过集中资源（资本、人力以及基础设施）来改善成员各市的地区公共服务供给。城市活动的所有行业都可以作为合作协议的主题。然而，应当指出的是，不同国家的城市可行使的权力有明显区别（专栏5-3）。

专栏5-3　美国案例

20世纪50年代中期以来，政府委员会及其他为地方公共服务规划、融资及供给而制定的合作协议，其形式都有大幅度增加。例如，在20世纪90年代中期，仅康涅狄格州就签署了超过900份城市合作协议（Berman，2003）。因此，1997年普查发现，具有单一职能的机构（单目标机构，34 683个）和城市（多目的政府，36 001个）数目几乎一样多。而且，1992～1997年，单目标机构的数量大幅度增加（高于9.9%）。在此期间，美国50个州中有43个其单目标机构数量是增加的，而且有的增幅惊人（威斯康星州高于84.6%，新墨西哥州高于462.9%）。简而言之，在美国尤其是美国大都市区，区域机构是处在不断变化之中的，而且城市间自愿合作比强制性解决方案（如城市兼并或区域吞并）更受欢迎。

由于行政边界并非完全与经济区对应，市际合作的目的可以是通过信息交换、某些投资责任共享、知识联合生产及区别自身与其他地区的区域品牌化和相关营销活动等，在当地经济发展中能更有效发挥作用。这使一些大都市合作

机构产生，如在蒙特利尔区负责经济发展规划及协调的机构。然而这样的机构并非仅限于城市地区，欧洲 LEADER 方案[17]也提及农村地区的这种机构。介于中间地带的地区，市际合作大多采用城市网络形式（艾米利亚–罗马涅大区），有时候以创新结构的产生为其特征（西班牙巴伦西亚地区的城市协约），目的在于提高城市知名度及提升本地企业竞争力[18]。这些促使社会经济领域新制度区的产生，且被调整到区域发展战略里的合作机制，在微区域（micro- regions）尤为明显（专栏 5-4）。

本报告第一部分清晰显示，促进集群发展及创新的本地扩散最先关系到要建设本地劳动力市场，这意味着行政边界无须严格对应城市边界；在本地劳动力市场上责任重叠不一定阻碍其功能发挥，相反能很好地支撑相关城市的联合战略。税收竞争也是如此，城市之间倾向于采纳税收竞争战略，认为税收竞争对公司本地化战略会有一定影响，但这实际上很多时候只不过是假想，城市之间需要税收协调。最后是权力融合而非对抗，对于创新政策也将起到很好的支撑作用。加拿大一些原属竞争关系的市镇之间出现纯粹自愿性合作即属此例，这导致有效的地方创新系统的形成。这不仅不需要省级政府或联邦政府的参与，而且其良好的效果还使它们减少对辖域的补贴（OECD Symposium TDPC，2004）。

因此，根据"辅助性"原则（即欧盟框架内处理欧盟、各成员国及成员国国内地区和地方政府等多层次行为体之间权能配置的一项基本原则和政策，译者注），市际合作既优于城市合并，又优于城市体制碎片化，它为最优区域规模的确定提供一个更为灵活的方式。法国近期的改革旨在调整行政及社会经济区划，区域范畴甚至可能是市际合作的结果。实际上，地区规划可能产生于当地政府之间的协议并要获得中央政府的认可。从上一代的国家–地方规划合同中也可以看出，市际合作是这一整套体制的核心。占到总预算 25%的地方自卫队，不再由不同相关政府部门代表负责，而是由区域市际合作机构的主席负责。

专栏 5-4　农村地区因地制宜政策示例：微区域

在很多国家被称为"微区域"的一种将地方发展新愿景概念化的方式，指的就是为实现共同发展目标而形成的城市联合体，通常涉及地方政府、市民团体及社区自治组织。上述主体基于区域自然禀赋、共同身份及共有的经济特征来重新划定领土边界。OECD 国家的微区域主要呈现三大特点：一是区域参与各方提出合理利用自身资源的战略；二是其对中央和区域政府来说，充当信息来源的角色；三是这种合作伙伴关系的领导权并非当选官方组织的专属权力，也可以由旨在对地方发展战略和项目具体内容及其实施有所帮助的企业家团体或民间社会组织担任。

政府的支持既包括提供充足的法律框架，又包括给予财政奖励，如在法国、意大利和加拿大就是如此。而在另外一些案例里，地方当局的介入能促进在"自然发展区"概念基础上建立联合性组织机构，而忽略其行政边界。爱尔兰就是这种情况，34 个 LEADER 地方行动小组（local action groups，LAGs）作为一种基于区域的合作伙伴关系，管理一系列开发项目（企业、教育、社会融合、就业和培训、村落更新、文化遗产及环境保护），但没有取代县域发展董事会 [19]。

辖域的大小及合作城市的数量和人口密度有着必然联系。魁北克省的（Matawinie）（4.5 万居民）辖区面积为 10 600 km²，却只有 15 个城市，而捷克的微区域 Moravska Trebova-Jevicko 辖区面积为 400 km²，人口为 2.8 万，却有人口 36～11 662 不等的城市 33 个（2001 年数据）。在墨西哥，同样是微区域，在奎雷塔罗州的 Sierra Gorda 人口仅为 16 000，而在普埃布拉州的 Sierra Norte 人口却可达到 122 000。在某些情况下，要提出一个自下而上的方案所需的临界人口可能会更高。在美国，爱荷华州中央项目（该项目是关于制药及保健品生产的）涉及 23 个县域，人口接近 48 万。然而，直到如今只有 72 户农民家庭参与其中充当地区负责人的角色（Mortensen，2002）。

5.5　市际合作形式的多样化

法律形式的多样性：地方当局合作的形式既有简单的"合作区"（如西班

牙的土著群居地），又有联盟形式（如西班牙的市政协会、葡萄牙的协会、法国的共同社区、意大利的各市工会），还有像荷兰辛迪加的形式。在卢森堡，这有可能涉及为相关市镇利益而签订的包含公私实体的一些协议（经过内政部长的批准）。这甚至可能导致市际合作机构的成立，如芬兰在一定程度上将"市际合作"概念极端化了，因为区域作为一个国土单元本身就是建立在市际合作基础上的（20 世纪 90 年代初就开始建设这些区域）。在芬兰治理体系中，区域自治是自下而上实现的，其结果就是从法律上来讲，区域的角色就是城市间合作的一个机构。

经济类型的多样性：市际合作可能是功能性的，此时相关地方当局会共同提供公共服务，这通常通过专门机构来负责实现，如德国的 Stadtwerke，其设立是基于法律法规（Länder）之上的，这项法规要求所有相关城市将它们提供公共服务的单位合并到一个地方公共公司（一半情形下，这是合并机构私有化的前奏），这些公共服务包括交通、饮水、废物处理、卫生等。这些协议有时候会促使相邻市镇经贸交流的产生。公共服务的供给集中在某些辖区内，其他辖区因获得外部性收益而向他们进行补偿。这套方法在瑞典已经实施，尤其是在医疗方面（较之于跨市层级，其实更多的是跨州层级）（Joumard and Kongsrud，2003）。另外，城市间合同安排可以向区域发展战略使命方向调整，从而能覆盖内容更加宽泛的一些行动领域，而这有时会需要多个部门共同支持（尤其在大都市区）。

地域类型的多样性：尽管市际合作并非专门针对农村或城市地区，但二者之间的区别还是很明显的。这从法国市际合作结构的三种类型可以看出：村镇共同体、聚居区共同体（5 万人口以上的地区）、城市共同体（人口超过 50 万的地区）。有证据表明联合的极端形式（合并）只有在城市之间地理位置邻近的情况下才有意义。当农村社区间距离遥远时，一些试图联合提供公共服务的提议最终并不能实现。由于优质公共服务供给是很多农村社区实现区域发展目标的重要手段，那些在城市区域适用的政策未必能在稀疏的农村社区奏效（如挪威）。加拿大魁北克省的案例也同样显示农村地区和城市地区实行不同政策有多么重要。在 1999～2002 年其市政改革历程中，省政府很明确要在高度城市化地区、农村地区及城市/农村混合区因地制宜制定专门的政策：在城市及大都市区进行城市合并，在农村地区加强乡镇分工合作，在城乡混合地带加速市镇合作。针对不同地域类型采取不同策略就是为了充分发挥不同类型社区环境的不同优势，正如在中间地带所看到的一样（专栏5-5）。

专栏5-5 中间地带市镇（中小城镇）的合作

基本原理：不管是私营企业还是官方部门之间缺乏合作是中间地带（中小城镇区域）治理的一个主要问题。当今全球竞争力依赖于制造产品的质量、设计及技术创新。单个小城市（或中等城市）并不能提供企业发展所需的人力和物力资源。因此十分有必要改善城市间产业分工合作网络政策、推进区际合作，中小城镇之间通过合作就有能力提供单靠自身永远不可能提供的那些设施和服务，这为中小城镇在国际国内经济舞台上更好施展拳脚提供临界可能。当伴随着城市专业化进程时，不管这种专业化是利基市场产品、地方工业产品，还是旅游、自然与文化遗迹相关的产业，这时城市间网络联结都会得到优化。

实例：在OECD地区，地方性中小城镇网络分工仍是不常见的一种现象，但其案例也在逐渐增多。

意大利东北部的艾米利亚-罗马涅大区在这方面提供了很好的一个例证。艾米利亚-罗马涅大区是一个拥有较高经济表现的中间性地带，作为工业区其声名远播。1995~1999年，其就业增长率为4.2%，GDP增长率约为4.5%。该地区以其文化产业（如节日、名胜和艺术）为其重要特征。政策制定者鼓励各中小城镇彼此分工合作，在文化艺术方面找到专属的产业定位，所谓"一镇一品"。这种网络化和专业化进程是由地方私营企业家通过单个项目推进的。意识到这些行为能促进当地文化设施发展、提升就业、推动旅游业发展，地区公共机构也以非官方形式推进其进程。再来看另一种有意思的经济合作方案，它采取更为正式的一种框架，如在西班牙的中东部中间性地带中央巴伦西亚区（Central Comaras Valencianas, CCV），它涉及两个省份及155个独立城市。中央巴伦西亚区的纺织、服装、玩具等制造业具有重要地位，它符合经典的产业集群法则，且以出口为导向。公共

和私营部门决定通力合作推动区域经济政策和产业政策发展。为实现该目标，他们于 1999 年成立巴伦西亚中心区城市联盟，其主要目的是通过合作来克服小型工业区相对于瓦伦西亚和阿利坎特大都市地区政治边缘化的弱势地位，使该地区在经济全球化进程中产生新的经济动力。

在法国，城市网络是由商业部门、不同地方行政部门、中央政府三方代表联合形成的基于合同的公私合作伙伴关系。这些法国城市网络既非政治团体又非正式机构。一般而言，中型城市加入进来通过分担成本和风险来最终实现彼此互补及改善行政程序。而参加城市网络体系的各组织在战略规划、公私合作及联合开发项目等方面展开合作。合作范围广泛，囊括了提升区域旅游和文化资源、改善交通、企业营销、环境改善及投资于新型信息和通信技术等。

5.6　市际合作政策评估

关于市际合作政策的评估很少：瑞士和美国进行了一些研究，但是在法国，尽管中小城镇间合作是区域政策的主要手段，关于其政策评估的结论基本没有。市镇之间协调合作其主要收益并非提供公共服务成本的降低［瑞士的例子（Steiner，2003）；芬兰的例子（Moiso and Uusitalo，2003）］。其明显的一个好处其实是地方决策者能力提升，这是由于知识共享以及相对于管辖单一市镇有更多问题需要去处理。

对于这种通过协议联合起来提供多种公共服务，其效果似乎产生了明显的范围经济。就此话题，Foster（1997）基于美国案例的开创性研究表明，总体上来看，由专门机构提供公共服务比由多功能的市政府来提供公共服务的成本更大，而二者差异随时间呈扩大趋势。

对于城市合并，公共机构或准公共机构的学术研究或评估报告都不能证明合并能带来规模经济，哪怕是对大多数城市而言（Sancton，2000；Keating，1995）。如今，人们大多认为合并带来的好处并不在此，而是由此带来的社区生活及权益相关的一系列其他价值。尤其对那些正着手进行权力下放的国家，城市整合能带来更多利益。因为它们肩负着更多责任，合并后的城市被认为可促进民主的新生，而这被认为是政治制度所亟须的。

市际合作的发展并没有带来明显的经济效率提高，对此给出的一个解释是，因为既有治理结构在此过程中变得越来越复杂。在法国可以发现，不同大小的市镇间合作机构的增加使已有 36 600 多个市镇的管理体系变得更为复杂。尽管市际合作普遍得到积极评价，但也有些案例中，合作并没有真正实现，或并没有发挥作用，或需要些辅助措施保证其顺利执行，甚或有些地方出现阻挠合作的情况（Gaxie，1997）。上述案例下的合作就需要采取合理透明的成本核算，以确保公共服务的价格在合理水平上，而且也限制了公共物品（没有排他性，如道路）被坐享其成的风险。

跨城市管理机构的存在及其数量的增加威胁城市自治；而且这也有可能影响问责制，尤其是因为它们降低民主程序的透明度[20]。合作也有可能导致尴尬局面的出现，如城市为了某些功能联合在一起，但在地区吸引力方面仍是竞争对手（西班牙农村地区即是如此，OECD Symposium TDPC，2004）。事实上，根据不同情况，先前的管制体系会通过不断调整行动方案来适应新的现实。其结果是只能找到结果未知且错综复杂的解决方案。

市际合作的陷阱之一是治理机构的代表人员普遍是间接举荐而不是直接选举的。合作管理决策机构的代表人员（政治上的也好行政上的也罢）在实践中是由乡镇地方政府或成员市镇来任命的。应该认真考虑其间的民主问题。法国已经有人呼吁城市间共治（或合作）结构的代表应该由普选产生，尤其是那些在大都市区中的城市合作，公共活动预算远超都市区中心城市[21]。

就合作结构的可利用资源而言，认识到直接征税的权利很小这一点很重要。城市间治理机构的资金一方面来自更高层级政府的转移支付，另一方面来自其成员市镇。一般来说，其结果不外乎是决策过程变得冗长，以及对突发状况、商业行情变化及技术发展的适应能力变差。

5.7　市际合作发展趋势及相关政策问题

尽管存在上述颇具争议性的结果，那些对区际合作政策热捧的国家依然想把区域合作应用到更大区域范围,而不仅是两个相邻市镇之间。促进这种政策发展的根本动力在于对整个区域经济发展的追求(如在法国的地区)。最后要讲的是,区分城市合作形式主要基于其不同追求目标:一些合作仅旨在改善日常公共服务的供给,而另外一些则采取更有活力的战略试图为整个区域建立战略愿景。城市合作的多功能形式介于上述两种类型之间,如匈牙利。某些特征极大地提升了市际合作的效果,尤其在体制框架外又增加了财政维度的一些措施(如共享税收、协调地方税基税率等)[22]。

5.7.1　需要能负起责任的中间层级

增加市际合作的主要风险在于,表面来看合作城市或区域整体利益可能受损。正如 Berman(2003)指出的那样:那些基于城市间服务或设施共享的市际合作尽管节省费用,但是对于提升整体区域共识或解决整个区域范围的问题帮之甚少。此外,解决某一(些)问题的协会组织通常是部门性质的,这也意味着其整体视角的缺失。这就是为什么说设立或加强鼓励合作的中间层级管理机构是更合适的。城市合并或合作在有较强中间层级和多功能治理结构的地方——超过市级或区域性的——显得尤为重要,事实上大多数合作方案也正是如此;也可以作为当地社区政策的一部分,当然这可能存在一定争议。在区域或次区域层面常见的是大都市联盟,而其具体执行内容和彼此权限边界是由上级政府制定的。这种中间级别政府(超过市或其他级别)的引入对城市合作的构建起积极作用。由于其方案通常是允许城市进入退出自主选择权利的,这使各城市间的合作可根据当地环境和文化循序渐进,从而使其具备较高的灵活性。这也为区域内全部或部分城市间合作的产生、发展和强化提供动力。中间管理层级,像把城市之间的相关区域政策的权责赋予中间层级(如区域层级),这固然增强给定区域的政策凝聚力,但其代价可能是错失其他更好的实践方法或无法将更多方面纳入区域发展项目,从而可能影响到能促生建设性创新的更有利环境的产生。法国新的一种区域结构(pays,地区),尽管其职责似乎界定不清,但被视为一种市际合作的中间管理层级。

有不同的案例可以用来例证城市间中间层级的多种形式(专栏 5-6)。

专栏 5-6　协调市际合作协议的中间层级相关案例

　　基础设施管理及集资、休闲设施及活动、体育、文化和旅游等领域为美国大都市区城市合作提供契机。最近的案例是位于宾夕法尼亚州的阿利盖尼区域资产区（ARAD，核心城市匹兹堡）。该区引进一种税收模式，立法者和地方参与者认为其至少可以部分解决以下两个独立问题：①给超城市或区域尺度上的基础设施和活动提供资金；②地方政府之间税收公平及缓解纳税最多地区的负担。总体来说，该方案反映政府进行更好的区域治理的决心，但同时也不妨碍各城市自己的安排，尽管这些安排可能形成相当破碎化的局面。这种模式是受科罗拉多州丹佛市实施的一项方案的启发，这与宾夕法尼亚的常规销售税收制度一致，由州政府征收 1% 的销售税，但是最终所有的税收收入都将用于本地区。这些税收被分为相同的两部分，一部分被分给独立机构阿利盖尼区域资产区，该机构唯一的功能就是给那些具有区域影响力的基础设施和娱乐/休闲活动划拨年度津贴，尤其是城市文化娱乐设施、图书馆、公园及体育场；另一部分则由市政府及其覆盖的128 个乡镇政府共享。这项实践有两方面显著贡献：一是缓解城市中心地带与郊区在域内基础设施标准制定、实施、集资及管理等方面的紧张关系；二是使加强大都市区城市间合作成为可能，并导致阿利盖尼县 2002 年政策及使命发生重大变革。

　　加拿大魁北克地区的"区域性郡市"（regional county municipalities，RMC）则是能表征在农村地区推行这种中间层级所能带来好处的另一个有意思的案例。"区域性郡市"是在 1980～1982 年由地方小市镇组合起来的机构，代表其成员行使一些强制性或可选性的权力。加入"区域性郡市"的小市镇不断增多，特别是在 2000/2001 年市政府改革以来。很明显有几个"区域性郡市"由于构建了统一的区域性概念框架并赋予区域发展动力，对于促进城市间集群的产生及其塑造起了决定性的作用，尽管这些城市间集群有可能并不在 RMC 政策范围内（RMC 政策范围包括经济发展和旅游开发、休闲设施如自行车道的修建、家庭分类垃圾收集系统等）（Collin et al.，1998）。

　　在加拿大的不列颠哥伦比亚省一些区域的经验也常被引为案例。在那儿尤其是在大温哥华区域局（Greater Vancouver Regional District，GVRD）

采取的中间层级所具备的灵活性，被不少学者认为是非常积极的一个方面。GVRD 创新大都市地区的管理办法，加入 GVRD 的城市可以在许多事情上选择退出。而 GVRD 以外的一些城市，大致为温哥华都市区，则可以自由进入 GVRD 或其所负责的机构。

近年来，瑞士旨在解决区域发展的联邦办公厅，为推进城市间可持续合作和规划的区域性框架的构建，基于城市群示范项目，为城市合作政策提供技术和资金支持。

在德国的柏林-勃兰登堡地区也有类似的合作形式，现在勃兰登堡的联邦政府已成立城市论坛，其成果包括形成代表区域发展中心利益的联盟，这使政府当局政治联合和合作制度化，至少在规划领域如此（Arndt et al., 2000）。

5.7.2　国家治理体系的一致性

在赫尔辛基，与在芬兰其他地方一样，城市群中各城市之间合作的传统是中央政府以及公共部门更宽泛组织形式的一部分（Haila and Le Galès, 2002）。对于成功的市际合作而言，自愿承担义务是和制度传统及官员普选一样关键的核心因素。这是地方及区域相关利益方所要首先面对的。然而，实践表明，如果区域政策中缺乏在体制和财政方面的清晰表述和明确规定，市际合作发展的势头势必减弱。中央政府的明确立场较之于地方政府自己单独制定策略，对于当地来说更具决定性的作用。市际合作应更能综合发挥公共部门作用。上述这些问题的解决必须着眼于责任的重新分配（遵循"开源节流"原则）以及促进民主的有效机制。

5.8　跨境治理：横向合作的一个特例

对跨境区域治理机制的关注是以下两种不同国际趋势的结果：一是超国家一体化减少国家之间交易的障碍；二是地方分权使地方政府获得更多权力。这两种趋势都增加了跨国家合作的可行性和潜在利益。

跨境区域与单一国家内不同地区相比，通常面临着更大的竞争且竞争激烈程度不断增加。例如，跨境区域通常承受着市场、劳动力资源及制度等方面的分裂。国家边界即使完全或相对性地开放，也通常是该地区经济空间的天然的或最佳的划界线，因此会不可避免地形成断裂。通常来说，不一样的财政和劳动力市场制度，使得跨境区域易于产生摩擦，显然对于这个区域整体或其组成部分而言，这种摩擦降低了其竞争力，因此一些区域就试图通过加强跨境合作来缓解矛盾并提升区域竞争力。跨境区域在企业合作、技术扩散、社会资本发展、劳动力分配及基础设施配置等方面也同样如此。成立一个能真正发挥作用的跨境合作区能消除上述不利因素，实现优势互补、利益共享。

建立一个成功的跨境合作区意味着逐步将整合推至更高高度。更高的整合度可以有经济、社会、文化、制度等很多方面的表现[23]。在经济领域，整合通常伴随着：两地贸易的增加；越来越多的企业联系/合作/合资；随着跨境就业和培训增加而建立的公共就业服务体系以及不断攀升的通勤流量，这些都使劳动力市场更加和谐；跨境研发在质量和数量上的增加等。当越来越多的居民开始使用另一边居民的语言时，社会和文化交流将会更加紧密。而成立联合规划委员会并提出统一的发展规划将会促进制度进一步整合。最后，物理基础设施的一体化将会促使两边区域中心之间交通时间减少以及基础设施系统"缺失环节"完善。上述这些方面包括其他一些方面的成效都能反映出被边界分隔的两个区域之间整合程度在不断提升（European Commission［DG REGIO］，2000）。

然而，尽管这些观念是清晰的，构建跨境一体化战略的要素也是很明显的，但是制定一个统一的边境合作区开发战略并对其进行管理，其现实可操作性却不明朗。跨境整合属于政治经济的范畴，既包括简单的机构之间的合作，也包括制定综合战略及建立资源共享的相互依存的功能性经济体。在同一个国家内，后者在法律和行政方面都难以实现，而对于跨国家边界地区而言问题就变得尤为复杂。其结果就是，跨境合作进展过程非常缓慢，政策制定也变成与跨境交流或多或少有关的不同角色在经济、社会、政策等方面综合诉求权衡的结果。构建跨境合作区并非只有当地感兴趣，与其他地方的利益也是息息相关的，而各方利益会在政策及制度制定时有所反映，以促进跨境交流。其利益矩阵既包括纵向又包括横向的，既包括国家尺度（甚至超国家尺度）又包括地方尺度的，既包括公共部门又包括私营部门的。

　　跨境治理可以理解为通过在经济功能区与政治辖区地理边界不协调的地区建立并执行一套关于激励机制、规范和组织，而使其具有相同的政策体系。流域与政治地理辖区不匹配会导致负外部性和财政失衡，也会使得区域范围内基础设施和互联网协同一体化规划变得复杂。对政策制定者来说，主要的问题是要找到治理机制，即找到一些手段、工具和激励措施，使得空间和经济上具有同质性但政治上割裂的区域变得连贯起来。

　　跨境合作的经济学动力往往与相对交易成本有关。一方面是政策不连贯导致的成本；另一方面则是遵循及维系跨境制度与规则导致的成本。政策制定的核心在于，怎样的治理规则能最好地降低或消除负外部性，而怎样的政策又与国家框架吻合最好。跨境合作的框架及其能否实现各自的政治诉求可通过四方面衡量（括号内注明的是可以观察到的经济交易成本）：①合作的基础与诚意（该区域的社会资本）；②参与方的战略定位（合作与否的成本收益比较）；③对组织多样性的贡献（可降低风险促进稳定）；④跨境合作区与其他国家、地方和区域网络之间互动关系（机构之间的交易成本）。

　　在欧洲，跨境问题一直很重要，20 世纪 90 年代随着欧洲一体化愈发重要。超国家尺度的一体化使跨境合作更加简单，因为这可以降低交流成本。一体化及凝聚力对维持有效且具有国际竞争力的欧盟来说至关重要；其结果就是边境地区某种程度上已成为区域政策的宠儿。随着跨境治理需求成倍增加，维系其运转所需管理及项目的供给也同样增加（专栏 5-7）。欧盟为了促进跨境合作开展了很多项目，如 INTERREG 项目，还有其他旨在提升跨国网络数量及增加边境地区竞争力的一些项目。欧洲跨境合作通过相对复杂的治理结构促成大量合作的同时覆盖很多政策领域的机构。

专栏 5-7　跨境治理：TriRhena 和厄勒的案例

　　过去十来年，跨境合作数量在 OECD 成员国内激增。欧洲跨境合作最为活跃的地区有位于瑞士-法国-德国边境的特里女那（TriRhena）地区及丹麦-瑞典边境的厄勒地区。

> 厄勒地区涵盖了丹麦和瑞典交界区，于 1994 年成立了被称为厄勒委员会的机构，旨在提供横向伙伴关系、政策咨询及信息交流的平台。委员会由丹麦瑞典两国地方和区域政治机构组成，由两国部委监督成立，这是一种极为特殊的跨国区域机构。在委员会中不存在任何私营主体。尽管委员会由当选的地方政治家担任代表，但是却并未起到地方或区域政府的角色，而是为两边制定公共战略提供场所。
>
> 特里尼女那地区位于欧洲腹地，包括瑞士的西北部部分地区、法国的阿尔萨斯南部地区以及德国的南部巴登地区。区域政策制定者于 1995 年成立了特里尼女那地区理事会，60 位理事会成员包括城市、市镇、经济组织、大学的代表，理事会成员每年至少要召集议事两次。跨境机构、三国代表大会及其他一些措施通过使得信息更易获取，而大幅增加跨境项目及提案。特里尼女那理事会对于涵盖更大区域的莱茵河上游地区理事会来说，是一个平行和互补的机构。

尽管欧盟在宣布跨境合作时显得雄心勃勃，但跨境治理事实上常常并不能实现区域发展这一目标。统筹和共同决策的成本通常会超出预期收益。只有在合作双方均有收益，且分配大致平等的情况下，这种横向合作才会成功而且可持续[24]。当合作双方有很强的竞争关系或合作的收益只被其中一方所享有的情况下，合作很难成功[25]。尤其在城市规划和财政协调方面，地方野心及强大的竞争压力会使它们的跨境协调变得举步维艰。很多时候，跨境协作很难超出欧盟发起的 INTERREG 项目的范畴（Scott，1999）。此外，还有管理过于复杂化，合作多由公共部门发起等问题。欧洲有着密集的体制和政策网络来支撑跨境合作，但是这并没促进旨在解决区域和地方发展问题的新的公私联盟的自动产生（专栏 5-8）。那些跨境合作取得成功的地方，都有公共机构强烈参与，且公共机构对于项目设计和执行有着绝对的发言权。

专栏 5-8　跨境机构设置的障碍：维也纳-布拉迪斯拉发地区

在维也纳-布拉迪斯拉发边境地区（位于奥地利和斯洛伐克共和国两国之间，译者注）设置区域性的跨境机构似乎要比在其他边境地区要困难得多。首先，尽管这两个地区有共同的历史渊源，但在经过近40年隔绝之后，只存在一些名存实亡的微弱联系。它并没有像瑞士-法国-德国边境的特里尼女那地区及德国-比利时-荷兰边境的 Euroregion 地区一样存在跨境机构的逐步演化。其次，与北欧国家不同，奥地利和斯洛伐克共和国制度性差异巨大，甚至于它没有与北欧部长理事会类似的超区域尺度的合作体系。最后，维也纳-布拉迪斯拉发边界地区在某种程度上缺乏大型的基建项目来标志跨境合作，就像连接瑞典南部和丹麦东部的大桥象征着厄勒地区合作一样。所以说维也纳-布拉迪斯拉发边界地区的跨境合作可说是起步艰难，在今后的发展中必须要非常务实。

这与北美大陆的模式有所不同，北美地区的治理结构更具灵活性和针对性，能对具体问题即时做出反应，而且更多是由私营部门和地方政府主导推动。北美区域整合的动力更多与经济直接相关，而不是基于所谓的"北美共同使命感"（专栏5-9）。

专栏 5-9　卡斯凯迪亚的案例

卡斯凯迪亚位于美国-加拿大交界的西部边缘地区，它是一个年轻但充满活力的跨境合作区。卡斯凯迪亚由太平洋西北经济区（Pacific Northwest Economic Region，PNWER）主导，PNWER 是由来自美国、加拿大交界地区的立法者、政府、企业于1991年共同建立的公私合作伙伴关系，这些地区包括美国的华盛顿州、俄勒冈州、爱达荷州、蒙大拿州和阿拉斯加州，以及加拿大的不列颠哥伦比亚省、阿尔伯塔省和育空地区。近20年来，它已成长为促进区域经济发展和竞争力提升的一个综合性机构，并形成公共部门和私营部门之间合作关系的一种独特模式。PNWER 指定辖区内作为优势产业的九个工商业部门，并为每个部门成立一个高瞻远瞩、能动性高的工作小组。每一个工作小组都由公共和私营部门联合立法主席领导，并且都能制定法规、发起电话会议、发起行业论坛及做研究报告。

北美的跨境合作有很强的务实性。它没有宽广的政策平台作依托，地方尺度的合作也基本上没有来自国家的激励机制。它并不是由"克服边界问题"的想法驱动，更多的是就事论事有选择地去解决具体问题。这里并不是不存在区域性跨国问题，如水资源管理问题（尤其是在美国-墨西哥边境地区）、环境保护问题、在稠密地区公共卫生问题以及跨境地区的财政和劳动力市场监管问题。它的治理方案遵循就事论事的策略：大多由单个行业协会执行，如水咨询委员会、环保合作委员会等。

虽然签署了北美自由贸易协定（NAFTA），但仍然有一些国家尺度促进跨境合作的组织机构产生。例如，北美发展银行肩负起为美国-墨西哥边境地区的项目提供贷款的责任。北美及与之类似的欧洲案例表明国家决策者是如何重视在边境采取一些地方性战略措施来加强国际合作协议的。

第 6 章　经济发展战略新参与者

6.1　为什么要与私营部门合作

人们越来越意识到纯粹的公共干预,如中央和地方政府间或地方与区域当局间的合作,有其局限性,这也为公共部门和私营部门开展更紧密的合作开辟了道路。事实上,私营部门参与地方尺度公共物品的供给并不是一个新的话题(尽管在公共福利、环境保护等领域近来有一定增长),而且有些人甚至认为私营部门的参与是治理相关概念中一个关键因素[26]。早在 1974 年,科斯(1991年诺贝尔奖获得者)基于灯塔的案例阐述了公共物品的概念。他关于灯塔及海上信号所做的比喻,使大家认识到"公共物品并非必须由政府提供"。事实上,20 世纪以来,已有很多灯塔由私人投资者、海运公司及公私联合组织修建和管理(Coase,1974)。

公私合作伙伴关系的核心优势在于,它将公共部门和私营部门之间的成本和风险分开,尤其是充分利用私营部门的专长及其规模经济效应。除却该优势,需要解决的主要问题是,不同利益相关方改善区域内生活水平及经济发展的共同意愿。地区的经济发展动力需要国家、区域、地方尺度上所有利益相关方,不管是公共部门还是私营部门,在决定它们未来发展时都能参与其中。这使私营合作单位,无论是作为出于直接经济利益的供应商还是作为间接经济利益的使用者,都能共同参与决策制定,甚至与公共当局共同提供一些公共服务。当经济赋予知识较高地位,政策制定必须重视可利用的认知资源。公私合作伙伴关系在区域发展中应面向为企业、市民及众多协会的参与提供或夯实制度性框架,所以其核心问题不仅仅在于如何提高公共支出的效率,更多在于如何使公共服务的私营部门参与能基于社会利益运作。

6.2　公私合作伙伴关系和区域竞争力：三种模式

1）通过公私部门间为开展研究、创新及其扩散而产生的互动（这里合作伙伴关系主要是公共机构与企业的合作）来增强区域竞争力、促进地方经济发展的公私合作伙伴关系（专栏 6-1）。公私合作伙伴关系可归结为那种可将自然环境的舒适和美感转化为具有竞争力的资产。瑞典的阿尔耶普卢格地区就是这样的案例，在那儿，当私营部门在气候非常恶劣的偏远地区从事商务活动时，可以寻求政府的援助。这使得在极端地区建立"碰撞测试"基地成为可能，而这可以吸引各大汽车制造商（OECD Symposium TDPC，2004）。

专栏 6-1　公私合作伙伴关系与地方创新

对集群创新的支持主要包含两种公私互动形式。

一种是区域内公司与公共研究和培训机构进行合作。除了要关注旨在促进公共研究活动企业参与（无论是通过提供资金还是确定研究目标）的项目外，还要关注区域内提供技术和职业培训项目或有地方工业代表参加的一些机构。这种类型的合作伙伴关系不仅要关注研究成果扩散，而且还要协助那些接受能力强的公司（主要是中小型企业）通过获取上述资源来提升其竞争力。法国的南比利牛斯地区马上要发起一个有意思的相关计划。每周为中小型企业邀请资深研究员协助公司进行技术分析并识别潜在的科技合作伙伴（中小型企业支付研究员一半的工资，其余部分由公共资金负担）。

另一种是公共部门鼓励地方企业合作。其实现方式有：为企业合作及企业加入联盟提供财政支持（意大利）、通过中间机构进行培训和引导（巴西的 SEBRAE 机构，丹麦的 Brokers 机构，英国的 Business Links 机构）、支持建立共享服务中心（意大利 Emilia- Romagna 和 Lombardy 地区），通过风险共担机制来支持创新企业的成立。他们也重视组织会议，

为相关方面会面、交谈及分享专业和社会领域的活动提供场所。在美国，私营企业在区域发展领域的参与与否正是联邦政府给予补贴的一个标准。为了得到补贴，地方参与者必须建立一个网络，提出与区域规划相衔接又面向市场的项目或方案，在某种意义上来说，私营部门拥有公司合作关系的领导权或提供其大部分资金。如果中央政府提供援助的最终目的是解决就业问题，这一点就更必不可少。

上述不同方式其目的在于要在实践项目的基础上建立参与者之间的信任关系，为企业网络建立适合的管理系统，为公共部门和私营企业的领导者培养大局观。

2）在某些情况下，特别是在以前，作为公共服务供给资金来源手段的公私合作伙伴关系。正式的公私合作伙伴关系有各种各样的具体实践形式，追根溯源可归结为两种主要模式。第一种是纯粹的合同性质，公私部门之间的联系仅基于合同维系；第二种是机构性质，公私部门之间的合作涉及独立实体机构（源自欧盟委员会，绿皮书）。两种常规模式在私营部门的报酬及公共部门的控制力方面有所不同。然而，它们却有一致目标，即让参与的私营部门提供一种或几种特定的公共服务。这种合作伙伴模式得到了很好的发展，尤其因其作为连接不同合作主体的竞争规则与契约方式引起广泛讨论。直到今天，许多国家大多数公私部门合作本质上依然与基础设施的供给相关（如在日本的学校和医院）。这种公私合作伙伴关系的目的就在于提供地方公共服务所需的基础设施（网络技术、住房等方面）（专栏 6-2）。协议的签署是基于地方公共部门和私营企业之间各种各样的合同，可能采取的形式有：分包、特许经营权、建立混合所有制公司、代理机构等。根据不同情形，合作伙伴关系可能基于单一目标，也可能作为公私部门长期合作的一种手段。

专栏 6-2　公私合作伙伴关系与地方基础设施的供应

这种类型的公私合作伙伴关系根据其体制一般可分为三种模式：第一种是私营伙伴由公共部门挑选出来，第二种是由不同的合作伙伴提供资源及其他投入要素，第三种是合作伙伴之间风险共担、利益共享。

> 　　地方公营企业：这是一种追求社会总体经济利益目标的企业，地方当局至少持有50%的资本（或真正的股份）。2001年，据报道欧洲有13 000家这种类型的地方企业。其业务范畴涵盖对经济具有普遍利益的所有服务（网络、交通、基础设施等）。案例包括瑞典的limited companies、德国和奥地利的Stadtwerke、西班牙的communal firms、比利时的intercommunales等。总体经济利益相关任务是被委托或分包到公司的。
>
> 　　混合所有制企业：在这种模式下（其实也包括地方公营企业），在选择私营企业的过程中透明度是非常关键的。在比利时，布鲁塞尔地区开发总公司在该问题上采取竞争投标方式选择最有效率的私营合作伙伴，以确保过程是公平竞争且透明的。法国和意大利的混合所有制企业往往也采取这种形式。
>
> 　　特许经营权：在这种模式下，公共部门将出资的责任移交给私营企业，风险完全由私企经营者承担，但是利益却要在各方之间共享。该模式的案例包括英国的公共财政计划，出台背景是为了节省公共财政资金。
>
> 　　基本上，上述三种模式涵盖了现实中所有的公私合作伙伴关系。有必要指出的是，现实中大多数公私合作伙伴关系是基于联合机构（代理机构、管理委员会等）的，这使合作伙伴间的调解制度化了。

　　3）旨在提供能促进区域发展的共同经济利益服务及涉及民间团体（即企业和相关民间成员）积极参与的公私合作伙伴关系（专栏6-3）。区域发展项目从治理视角来看更为复杂，因为很多时候，它们涉及公共/公共/私营/私营伙伴关系而不仅仅是公共/私营合作伙伴关系。不同层级政府之间的纵向协议以及市政府和地方公共机构之间的横向协议又与私营部门之间的关系交织在一起。

专栏6-3　"区域项目"参与式公私合作伙伴关系

　　近年来，让私营企业参与到区域战略和规划中越来越常见。例如，在英国（尤其是北部地区）最近的公私合作伙伴关系都以其为基本特征，它

被认为是强化各方执行共同目标决心的一个先决条件。在这种类型的合作伙伴关系中，私营部门被邀请参与地方和区域政策相关目标和战略的制定。它可能是以制度化的形式参与，就像法国的区域经济和社会发展委员会（代表了企业和商业协会在规划合同中的利益），以及芬兰参与地方发展政策方面的强有力法规，但更多公私互动是自发性的。

萨克拉门托水论坛（由企业、联邦政府、地方政府、环境保护协会组成的一个联盟）花费5年时间建立共识，于1999年拟定一个关于半干旱地区水资源管理战略和规程的协议。取得该成果不易，最终却促使区域政府将这种基于合作伙伴关系的决策模式应用到其他领域。其传播主要是基于"表率作用"，即在实践中取得成功的案例会激励其他群体尤其是同行业内其他群体，参加地方的可持续发展项目。

另一个案例是蒙特利尔国际化区域（参与方有加拿大联邦政府、蒙特利尔国家化区域居民协会、蒙特利尔城市等），它是为促进地区发展而成立的基于合作伙伴关系的一个项目的一部分，公民参与不仅体现在决策阶段，还包括融资阶段。

这些案例反映出，时间推移在推进原本互为敌对关系的利益相关方之间的合作上的重要性，同时也反映出知名度在达成协议中的重要影响及互动框架灵活性的意义。这样的案例其实非常之多。案例大多数涉及税收改革、教育、环境保护、经济发展方式、交通等方面。对于绝大多数案例，与新的利益关系网进行合作是现实需要的结果。确实，政策实践通常是共享某一特定空间（区域或地区）的人群能有意识会面及互动首当其冲的一件事。

6.3　私营合作伙伴的选择

欧盟委员会为了促进公私合作伙伴关系竞争规则效率，提出区分纯粹合同性质和具有机构特质的公私伙伴关系[27]。

在合同性质模式下，私营合作伙伴的选择会基于被大众熟知为"竞争性对话"（competitive dialogue）的适应性程序，尤其是碰到特别复杂的合同时。在遇到下面两种情况时会开启"竞争性对话"程序，一是官方无法准确定义最能满足其需求和目标的技术手段，二是客观上无法界定项目的法律或财务形式。这种新的程序使承包机构能与候选人对话，以寻求能满足这些要求的解决方案。在对话的最后阶段，候选人将会被邀请根据他们在整个对话程序中找到的解决方案提交最终投标书。这些投标书必须包括项目执行所需的所有要素。官方必须基于预先提出的中标标准对招标方案进行评估。在初始阶段，这个"竞争性对话"程序将会在与候选人就合同全部内容进行协商时体现必要的灵活性，这将确保对话在透明和平等的原则下进行，尤其在制定那些与区域发展和研发有关的国家援助相关的规则时。

建立合资企业等机构性质合作伙伴关系，这种联合实体能确保提供符合大众利益的工作或服务。公共部门和具有法人资格的私营部门之间直接合作，公共部门以股东的形式参与并作为联合实体的决策机构，能保持公共部门在项目运行方面的高度控制，而且可以随着时间推移根据环境需要调整方案。另外公共部门也可以通过私营部门支持，解决服务中出现的问题并积累经验。这也使区域发展越来越喜欢运用这种合作伙伴关系。对于选择召集哪个私营合作伙伴来承担这类任务并作为联合实体企业的一部分，不能完全基于它的资金贡献及其经验，要考虑其投标情况，选择相对其提供的服务来说最经济的那个。

尽管有上述原则及近期各方试图对其做出清晰界定的各种努力，选择私营合作伙伴关系的最终结果却不尽相同。例如，在利物浦，官方在实践中多方尝试这些方法并获得了成功，但在其他一些城市，却陷入了纠纷和对腐败的恐惧当中，这摧毁了所有进行尝试的动力，如布拉格为2004年冰球冠军赛而修建冰球赛场的案例。

6.4　风险与建议

合作伙伴关系有两个方面必须是能够评估的：它们在执行地方发展项目过程中的表现（公共服务质量的改善、对就业产生的有利影响、来自私营合作伙伴的投资），以及它们建立高效合作框架使彼此相互信任且能利益共享的能力。然而，在这些方面收集数据是非常困难的，主要原因如下。

第一个问题是责任分配:尽管合同或协议中对每一个参与方的角色做了尽可能清晰的阐述,其结果可能仍不明晰。尽管一直以来合作伙伴关系是用来改善现状的,它也有可能因为责任界定不清在长期发展过程中信誉受损,成为混乱的源头。

第二个问题源自合作伙伴成本和利益分配不公(如私营部门通常担心公共部门只是将其作为利用工具并控制它们)。

第三个问题与寻求"暴利效应"有关:一些合作伙伴只在不承担成本只享受收益的情况下愿意参与提供公共服务。如果私营部门未履行其职责的话,那么公共部门将面临承担后续公共服务供给的风险。

第四个问题是私营部门影响力可能会超越公共部门影响力,如当所有事情运作都要基于分包商的特定资产进行调动时,政府当局则会受制于其分包商。而当合作伙伴之一在合作中占据主导性地位,使区域发展呈现单一功能时,这种困局也有可能发生(专栏 6-4)。政府当局会发现他们被迫首先满足私营部门的利益,而期待私营部门在其后续行动中会对公共利益(通过参与地方市场而维持就业等)有所贡献。

这些委托-代理模式引起的风险,呼唤有相关权力的第三方出现。比起仅有管理机构,中央或区域性的仲裁机构的介入是更有效的一种解决方案,来确保既定规则的遵守及确保重复其他地区模式可行性的口碑能产生足够动力推进项目运行。此外,这种中介机构可以享有根据合同而对不遵守规则一方进行处罚的权力。

专栏 6-4　德国沃尔夫斯堡物流中心

国际公司大众的总部从20世纪30年代成立之初就坐落在德国的沃尔夫斯堡。该城市及作为该区域龙头企业的大众公司在地方经济发展、区域规划及交通基础设施方面一直存在相互依存的关系。自20世纪80年代末,市政府和大众公司建立了一个连接铁路和高速公路的物流中心。

沃尔夫斯堡物流中心的公私合作伙伴关系从战略上被嵌入区域更新项目"汽车幻境"中，该项目主要包括新劳工政策、新校区修建和旅游节庆活动（沃尔夫斯堡汽车城）等。项目由另一家公私合营企业进行开发和管理，被称为沃尔夫斯堡股份有限公司。尽管作为"骨架公司"的项目是50∶50的公私合作伙伴关系，但实际上该公私合营企业的大部分股份却在私营企业手中：大众公司和市政府各占26%的股份，地方中小型物流企业联合起来占48%的股份。

沃尔夫斯堡物流中心公私合作伙伴关系项目最为重要的战略性和财务性目标如下：

第一，为了培植区域物流新企业，并为作为区域龙头企业的大众公司及其他物流行业公私企业建设一个有吸引力的区域性运输中心，大众公司在20世纪90年代初进行裁员（1992～1994年共裁掉约6000个工作岗位），要对此进行补偿。

第二，由于潜在的公共和私营合作伙伴无力支付第一阶段工程建设所需的1800万马克投资，要进行公共财政支持资金的募集。

第三，对德国铁路公司进行整合，使其承担在公私合作伙伴关系中的部分财务责任（这将会从大众公司内部物流重组中长期获益）并对区域铁路交通系统进行有益补充。

第四，作为一个明确的环境目标，减少15%～20%的交通污染排放。

沃尔夫斯堡物流中心启动的最初5年，公私部门之间的平衡是相当值得肯定的。物流中心及周围工业园区的建设直接或间接提供了1500个新的就业岗位。略有争议的一点是，沃尔夫斯堡物流中心及公共财政支持是为该区域龙头企业大众公司量身定制的，而持有46%股份的物流中小企业却承担了主要的经济和金融风险。

当公私部门之间的对话无法在一开始就预料到合作过程中所有的可能性时，信息不对称就会经常发生。近年来，一些国家建立了专业技术中心，以促进双方对合作的共同理解，以及协助政府清楚识别其需求和预期。在荷兰，企业协会就信息不对称问题推出了一些举措以协助政府工作。在其中央政府的支持下成立了专业技术中心，在公私合作伙伴关系中充当中介和顾问的角色（专栏6-5）。

专栏 6-5　公私部门之间合作的专业指导——荷兰的案例

在荷兰财政部下设立的公私部门知识中心已经运营 4 年多了。它为各种地方政府特别是市政府提供服务，旨在建设各种类型的基础设施（尤其是需要大量投资的那种）及处理区域开发项目相关事务。这里的公私合作伙伴关系仅仅是一种政治手段，没有任何关于运营方向的讨论或评估。该中心提供了三种指导性或支持性的服务，但这并不能取代管理者。

1）识别可通过公私合作伙伴关系手段运营的项目，确定其主要特征并选择正确方法。

2）根据设立的进度和方法，协助其实现目标。

3）为促进良好的公私合作伙伴关系，特别是赢得私营部门的信任，对已取得的成果进行良好的沟通。

"城市重建公私伙伴关系"（Onderneming voor partnership in stadvernie-uwing）基金会成立于 1998 年，参与者是那些对城市更新感兴趣的公司和组织。基金会运营基于以下经济学原理："在脆弱地区建设良好的投资环境以吸引更多的商业投资是很重要的。将良好的商机与强大的地方经济社会环境结合起来。"

核心目标如下：

1）从经济学视角考虑城市更新区。

2）提供城市更新相关知识及信息汇总与交流的平台。

3）通过专业知识和信息促进商界对相关项目产生兴趣。

工作方法基于：

1）对城市委员会、企业、建筑商、投资者、政府部门等地方个人和团体进行激励、信息提供及专业方面的建议。

2）全程跟踪某个具体重建项目并提供建议。

3）作为讨论及知识交换的场所。

最后，需要提出这种地方性的合作伙伴关系的风险，即它可能主要是基于大型企业的利益而成立的，因此将借助中小企业能力的可能性排除在外。这是因为在当今这样一个所有经济部门均受全球化影响的时代，经营规模大小成为影响竞争力的因素；并且我们也可以看到，越来越多的区域开发运作项目规模正在逐步变大，变得更复杂、更专业。尽管如此，在评估各种不同公司及本地投资者参与时需要特别谨慎，对于其在公私合作伙伴关系运营中的参与要进行鼓励，因为除掉短期潜在影响，它们对区域发展是最积极的，这是由于它们习惯在城市发展方面承担主要风险。确保经营规模大小不会阻碍一些参与者的参加，也不会因为风险分担不平等而导致价格上涨，这是很重要的。

鉴于此，当局必须进行有效干预，以确保信息获取的平等化。现在已有公私合作伙伴关系市场，但这为大型企业专属，因为只有它们可以出现于不同地区和国家的市场中。不过现今区域性和地方性的高风险表明，将公共基金分配给中小企业，特别是地方中小企业，以促进其在公私合作伙伴关系中的参与是合理的。

展望未来，风险大小取决于相关区域经济是否发达：在富裕地区，市场力量可能会允许私营-私营合伙企业的运作，其风险在于公共服务的本地供应及是否与区域、国家项目衔接（包括风险）。在不发达地区，私营企业很难有动机去参与地方发展项目，这就需要有效的激励措施进行干预。但是，人们发现在不太发达的城市地区，在项目的早期阶段参与通常能获得较好的收益，不过在晚期阶段参与就不好说了。

第 7 章　合作治理手段的共有问题

下面阐述在多级治理上的三个共有问题。

7.1　双重政策目标

对于每一个制度工具，其设立都会产生一些有用的和/或关系型产出。

1）有用的产出：市际合作增大公共服务供应规模，公私合作伙伴关系借助私营部门的资金，将管理而非战略任务委托给当地公共机构。

2）关系型产出：旨在确保合作能够基于参与地区战略决定的各利益主体的不同类型，真正提高知识水平及创新可能性。这种关系型产出的目标在于试图取得相关主体之间更好的关系、更强的信任、更高的社会资本，以及赋予相关更多权利。

评估合作进程时，对于有用产出和关系型产出都要考虑在内，二者其实是有联系的。如果合作进程结果实质上毫无建树（不能提出合理的解决办法或最后陷入死胡同），那么也很难在参与者之间建立更好的关系，甚至会导致到处散播着怨恨、沮丧和信任缺失。但二者也并非一直紧密相关。合作进程可能无法找到实质性解决方案，但仍可以给参与者提供彼此交流、加强团结的机会。也有可能合作进程中产生良好的实质性的解决方案，但是一旦合作结束，参与者之间就失去了联系、那实际上也没产生关系方面的好处。

上述两种结果的相关性也要基于手头任务的性质及与之相关的不确定性程度来进行评估。实际上，在相对稳定条件下，对于生产和使用情况都可预测的公共物品，可以直接委托就行。这时只要结果有用就行，甚至可以通过把任务移交给一个集中了行业专业化资源（如地方公共交通管理机构或拥有其特许权的专业公司等）的机构（擅长生产所讨论的公共物品）以尽可能减少合作伙伴种类。但是，一旦这个问题变得复杂，需要运用不同的能力和/或难以精确表述目标，这时候混合伙伴关系更受青睐。在这种不确定的背景下，参与者之间的信任关系以及解决问题的能力，就会变成更合适的目标，最典型的就是经济发展相关问题。

短期内，那些有用的结果更有意义。评价主体进行的评估内容应该包括：整个结果产生过程是否有效率，以及对于具体问题是否做出了恰当的回应。但从长远来看，政策制定者更需要特别关注那些关系型产出。社会资本的积累是一个极具价值的机制，因为它为未来提供很多新的可能性。所以，从长远看，我们应该关注：合作结束之后留下了什么？参与者能够从中学到什么？在中央政府取消激励机制时，它们是否还能够一如既往地巩固合作、提出新的方案。区域政策的目标不仅仅在于推动区域发展，而且还要面向建设地方网络，这有助于在未来设计新的解决方案。

7.2　地方政府能力建设的关键问题

在所有情形下，合作机制的主要挑战之一就是提高地方参与者的能力，这是权力下放成功的先决条件。这不仅包括城市之间的关系、包括通过与私营部门建立合作伙伴关系获取相关知识，而且也包括通过与更高级别政府合作得到技术共享。在韩国，地方政府要能有效整合不同部委提出的行业措施，使之成为一个针对他们自己辖区发展的综合性政策（OECD Territorial Review: Korea）。这需要渊博的知识和管理技能及地方政府官员培训方面的改革。在当时的韩国，区域的、省级的、大都市区的城市政府都有自己单独的地方官员培训机构。时至今日，地方政府官员从中央政府或其他地方政府官员处学习的机会依然十分有限，因此政府官员个人之间无论是纵向还是横向的交流都应该受到鼓励。人员借调是一个学习的好机会，未来有待进一步讨论。在这方面，芬兰寄望于不断增加的合作实践以及对新的区域发展政策中不同项目机制间连贯性的追求。它也强调不同的利益相关者不仅要参与战略的实施阶段，而且也特别要参与战略的准备阶段，这能激发相关参与者的积极性（OECD Symposium TDPC，2004）。

政府部门的能力在不断发生变化。就行政传统而言，公务员的首要职责是遵守既定规则及遵从收到的指令。在多层级治理的框架下，"服从性问题让位于立足现实的问题"（Calame，2003）。通过应用公认的指导原则，可能做出最适合现实情况的反应，但是如果参与者无法做出适当反应，就要对此负责。这种"创新（或称机变，译者注）能力"及对合作伙伴能力的甄别构成了地方政府职责的一部分。因此中央政府支持地方市镇的主要方式之一就是加强其行动能力。而让其承担相应职责就是增强其竞争力的主要办法。

依赖地方政府能力，既是开展有效权力下放的需要，其本身又是发展目标。因此对参与治理的官员进行培训的优势就被很多旨在传播、培训甚至劝说地方参与者的机制证实。它包括将他们的专业知识标准化（这完全是可能的），国家层面上的经验分享，遵循一些重复性的步骤（其监督取决于目标的提升与逐步调整），最后是使用管理图表及其他一些现代管理工具。这一系列目标在签署援助协议、设立监督职能及中央官员调任地方政府等方面都能有所体现[28]。

尽管已有实习培训和功能培训，素质培训（创造性思维、头脑风暴实践、团队合作精神等）仍然处在边缘位置，但是未来其地位将会得到显著增强。将地方公共管理总体思路朝着更开放和更具创新性的系统方向进行改革，将是一项长期任务。在这方面，私营企业也许可以在企业文化方面提供一些灵感。一些 OECD 成员国已经开始为地方政府官员开启新的学习计划，期待通过私营部门技术外溢效应让其学到一些管理技巧（专栏 7-1）。

专栏 7-1　OECD 成员国地方政府官员培训方案相关案例

美国在为公务员提供的由私营部门主导的学习机会上，可能是范围最广的。这种趋势早在人们意识到政府管理者越来越需要对公共-私营-非营利组织交叉关系有更多理解时，就已经开始了。其结果就是，"外包"这种形式不断被付诸实践中。这不限于与企业或非营利组织之间签订合同，而且也包括政府之间的合同。在美国大概有24%的政府服务是基于外包

形式提供的。1992~1997 年，约 96% 的地方政府都外包出了一项新的政府服务（Wagner and Hefetz，2001）。

在德国，公职人员的培训往往基于联邦、区域培训机构，而在 20 世纪 90 年代则朝着更加开放及联系更为密切的方向演变。地方当局开始提出需要设置管理类的课程，而越来越多的私营机构对此做出回应。公私部门之间有了更多积极的交流。例如，综合理工学院在他们的企业管理系下面开设了公共管理课程。此外，一些原来特别忽视公共部门的大学也开创了公共管理硕士课程，如康斯坦茨大学和波茨坦大学。

在釜山，2003 年政府成立了一项新的合作伙伴计划，旨在建立与私营部门之间的合作。一些公务员在大型私营企业度过为期一周的实习期，学习管理技术。这种学习方式应得到更多的鼓励与发展（TR Busan）。

进一步来说，为不同类别的公务员设立共同培训课程应该是可能的。这样能营造一个共同的文化氛围，当然接下来被分化为不同分工会更好。但是共同培训也面临一个挑战，就是公务员评估。因此这里提出最后一种帮助地方政府官员提高其新任务执行能力的方式，就是建立精确的自我评价标准。设计一系列精确的绩效目标和评价标准可以通过让公务员清楚了解自己要做什么而获得有益引导。在某些情况下，地方政府甚至可以直接参与标准制定的过程。例如，西班牙公社和省联合会、公共服务质量监察局和公共管理部都让地方政府参与欧洲质量监管及一般性评估框架等自我评价方法的推广等。公共服务质量监察局确保在进行地方政府官员培训时使用这些评价方法。在其他国家，地方政府能力的提高能通过建立新的区域机构实现。例如，匈牙利在其首个 PHARE 区域性发展计划中，区域开发机构是建立在实验性质基础上的（OECD Territorial Reviews of Hungary，2001）。这些 RDAs 在南部大平原和南外多瑙地区试点方案启动过程中扮演关键角色。

7.3 政策评估存在的困难与不足

不论是城市之间的关系，公私部门之间的关系，抑或是不同层级政府之间的纵向关系，都必须要有足够的时间去建立共同的标准、共同的“语言”及代表不同立场各方的最低程度的信任。这使评估这些机制运作的效果变得尤为困难，但却使制作评估工具及构建合作网络变得可能，而这些从长期来看，对于发展战略的规划和实施是有效的。

非常清楚的一点是，这样的机制缺少久经考验的评估工具，哪怕是一个合适的绩效评估标准。这是由于建立合作伙伴关系所需时间通常较长。当然这也是这样的制度安排必须追求双重目标的结果：一是任务完成的效果，二是在网络建设方面是否形成有效合作。

无论评估的结果如何，上述合作都可以促进运行机构的重组，但同时也并不否认各级政府之间的责任分担。各国政府进行权力下放目前看来似乎是大势所趋。但自主权越来越大且百无禁忌时，就会成为一个政治敏感问题。一些解决方案从经济角度看是有效的，但从社会政治角度看却并非如此，就如城市间合并的案例一样。市民的基层民主及其公共决策参与不仅不能让其倒退，相反其本身还应成为创造新的治理方式的目标。

评估过程将参照最佳解决方案进行。而这些最佳解决方案通常是有益于制度实验的一些政策的结果。

治理并不是一门科学。为寻求最佳实践方案，对创新及监控给予激励措施是必要的，因为在最佳选择确定的过程中并不存在一个令人信服的理论。因此可以说治理是在寻求最满意解决方案，而不是最佳解决方案。在实践中，当合作模式不存在最佳方案时，如何获取可能的这些方案的信息呢？而实验，通过实践提供培训，为该问题提供了答案。在那些信息不完善的地方，通过边做边学，可在解决社会和经济问题的各种政策实验中有所收获。Oates 认为联邦政府的制度结构使他们在地方政策选择上有更多操作空间，因此尤适于推动公共政策的技术进步。美国通过该方式启动的一系列环境社会政策相关措施，在其他政府甚至联邦政府采用之前，就已经在区域和地方尺度上开始实施。当然，美国从其他国家的案例中学习到，成功政策创新的扩散既可能是纵向的，也可能是横向的（Oates，1999）。有些人注意到这些创新扩散随时间大体符合技术创新的 S 形曲线（尽管实际案例常见的是同级政府间的横向扩散，而不是不同政府层级间的纵向扩散）。时至今日，欧盟仍然有超国家尺度的互动培训。一个国家加强区域和地方民主（或其他目标形式）的实践对于其他类似国家可提供很好的借鉴（Delcamp and Loughlin，2000）。

中央尺度上的行动和实验：这方面对于区域竞争力是非常重要的。事实上，信息的传播要比创新的传播快一些，但是有价值的信息传播的时间更久一些，尤其对于那些在知识产生过程中要经历准备和投资阶段的信息而言。对于那些想要"搭便车"的地区而言，这也许是一个不利因素，因为他们想等体现这些创新机制价值的信息出现后再采纳它，而不用去承担创新的风险（也不让其竞争区域知道）。想要扭转对创新坐享其成的想法，中央对于制度创新的支持是必不可少的（尤其是通过按照一定份额拨款，中央政府分担在地区执行新计划的成本和风险）。这种类型的中央支持除了可以扭转缺乏创新动力的困境，还可以提升国家尺度上政策的连贯性，选择那些对于其他地区负外部性较小的创新，而且由于在整个过程中从始至终州政府都通过这种方式拥有知情权，那它就可以尽早选择在其他地区要实行哪些方案了[29]。例如在法国，体制"实验"已经被写入宪法中。2003 年，近期分权改革的第一轮高潮支持中央政府及街区"实验的权利"[30]。议会仍然是从最初授权其实施到最终评估其结果整个过程的担保人。芬兰就增强区域自主权及加强市际合作，在某些特定区域进行了实验。各种各样的体制"实验"是治理不断进步的手段。

注解

1. 这被认为是与区域综合竞争力措施相关的类别（Weiler，2004）。
2. OECD 高级会议"区域发展政策的创新与有效性"，马蒂尼，瑞士，2003 年 6 月 25～26 日。
3. 或根据地方当局能生成的资源总量。
4. 在联邦制国家，可供分享的预算有时是由"税收共享"机制决定的；在这样的机制里，富裕地区捐资给贫困地区以补充其预算。例如，从公共财政指标可以看出，丹麦和瑞典作为单一制国家相对于联邦德国、墨西哥和美国而言权力更分散。英国在 2000 年后施行权力下放，但在统计中并未显示出来。

5. 诱因论分析委托人和代理在信息不完善或信息不对称的情况下签订合同的情况。在这种情况下，合同的一方（代理）拥有另一方（委托人）不知道的相关信息。当委托方不能观察代理方的行动和决定时，就会发生道德风险。因此，合同安排要包括激励机制以确保代理的行动符合双方议定的目标（FARES，2002）。

6. 然而，这并不意味着体制和法律框架无关紧要。例如，在英国尽管也存在类似的协调问题，本来也可促成对合同管理的利用，然而事实是英国并不存在合同管理模式；尽管中央政府已经创立并加强了区域政府办公室，以致力于通过地方政府来支持政策的实施。"城市挑战"（city challenge）计划〔后来变成"单一的城市再生计划"（single regeneration programmes）〕，以及现在的计划，是基于投标以及地方当局提交的项目选择，而这通常与私营部门之间存在着合作伙伴关系。尽管这个伙伴关系需要合同，但是中央政府和项目申请的地方当局之间并没有签署合同。原因大致如下：在法律上英国地方当局是议会的产物，而且在普通法律中并不允许官方和地方当局之间签署合同。然而，随着越来越多权力下放给苏格兰议会、北爱尔兰当局和威尔士当局，使区域自治要与英联邦团结相协调，这也就有了 2000 年和 2001 年协约的新形式，即可以不依法强制执行合同。

7. 例如，意大利的一些合同安排以及荷兰的 ROM 合同。法国的区域经济和社会委员会在国家和地区之间的规划合同下向法国区域议会提观点和建议，地方私人代表也能进入区域经济和社会委员会。

8. 该目标在意大利采纳第 142 号法律（No. 142/1990）时发挥了关键作用，而且被认为是法国国家-区域规划合同的一个积极结果。

9. 在法国，不遵守规划合同的第三方是不受惩罚的。因此，在法国大多数人认为合同只是互惠协议的形式，而非具有法律效力的承诺。瑞士与法国不同，瑞士只有在达到中期目标时，才会发放接下来几年的资金。

10. 行政协议（Verwaltungsvereinbarung）：该合同是基于基本法的 104 条，共有 16 篇和 32 页，而且是在应一些政府要求对若干条款进行解释的基础上形成的。

11. 法国规划部原部长 Michel Rocard 于 1982 年国家和地区之间规划合同第一次启动时，对这一目标做了清晰的阐述。他将经济规划改革方案呈送给国会后，指出没有权力下放的规划会导致极权主义，而没有规划的权力下放则会造成混乱。这一目标在意大利（1976 年第 677 号）和西班牙的总统令中也可以看到。

12. 例如，法国有着极度分散的地方治理体系（该体系在 20 世纪 80 年代早期地方分权改革之后变得更为分散），而且地方自治是受宪法保护的。法国对于行政法也有很大程度的依赖。公共管理部门经常使用管理合同来履行其职责或满足其需要。随着中央集权化管理合法性降低，以及 60 年代后期"命令式政府"运动，合同成了保持公共部门内部制度性关系运转的一种替代性解决方案。尽管国家和地区之间的规划合同好像是最为人所知的，但其实他们并不是法国各级政府之间唯一的合同安排。相反，合同很快就变成了法律规定的标准工具，在责任需要分担，地方政府被给予权限而中央政府保留决策权时，部门甚至为自己的政策来制定合同。

13. 为了避免道德风险，在合同签订之前，长时间的协商、准备、洽谈是必需的。在法国政府和地区之间规划合同的前期准备阶段需要两年之长（2000～2006 年规划合同的准备时间是 1998～2000 年）。在意大利，合同签订要经过严格的筛选程序以争取经费。

14. 与区域政策协调机构最接近的机构是国家和区域规划局，他们发展了区域政策的一个新视角，为地方当局以及其他地方参与者提供了一个网络系统。然而，这些措施的实质性整合以及有效执行仍有待观察。

15. 自 2003 年 1 月起。

16. 例如，瑞士试验了这种方法，尽管市际合作并没有减少公共开支，但是市镇之间合作越多，合作的范围也就延伸得越广。

17. LEADER 方案（农村经济发展行动）是欧盟在农村地区的一个开拓型的项目。通过推动由地方代表团制定和管理的地方发展举措，该项目对相关地区乡镇企业之间协同效应的产生有着重大影响。许多国家都在国家尺度实施这一方案。

18. 也有"防守多过进攻"的市际合作。从这个角度上来说，地方或区域有关方面间自发进行的互惠协调政策意味着，合作有时也可以起到对更高要求的一些安排（如建立区域或大都市区代理或议会，当地城市之间的合并）的防御目的。

19. 一个代表性案例是 IRD Duhallow，这个成立于 1989 年的农村发展公司，在科克县西北部和凯瑞县东部之间的地区（面积约 1880km²，人口逾 30 000 人）执行着农村经济发展行动及主流农村发展项目。它管理着 16 个合格专业人员，项目涉猎范围有：社会包容性、旅游业基础设施的开发以及文化活动。地方当局在董事会中有着一个相对较小的代表性（25 个成员中只有 2 个）。

20. Dafflon 和 Ruegg 在分析瑞士的案例时提及"这种形式的合作旨在解决功能性区域和制度性区域差异的问题，它虽然可以解决问题，但是也会带来同样多的问题"。

21. 尽管国家权力集中在议会厅手中，但市镇却控制了财政权力。因此法国城市里尔的财政预算只有不到 3 亿欧元，但是里尔市镇的预算却达到了 13 亿欧元。

22. 尽管在区域自治已是国家体制基本组成部分的国家里，地区税收共享会削弱其独立性。

23. 例如 INTERREG 项目区分了整合的低水平、中间水平及高水平，其定义如下：如果边境双方是独立的社会经济单元则被视为整合的低水平；如果边境双方都有公共机构、私营企业及其他利益方各种形式的合作，则被视为中间水平；如果边境双方作为一个整体的社会经济单元来发挥功效，则被视为高水平。更多详细信息参见 European Commission（DG REGIO，2000）。

24. 在跨境合作项目蓬勃发展的地方，这些可能包括公共基础设施、教育交流、旅游、环境保护、水资源保护、公园和自然保护区及一些其他设施的跨境使用。

25. 关于横向合作范围和限制的一个更深入的分析，参见 *Territorial Review of Switzerland*（OECD，2002）。

26. 相对于治理广义上的概念，即包括所有与政府相关的概念，严格意义上的治理概念意味着私营企业要参与决策以提供公共物品，并采用无级别指导方式；相比之下政府则作为参与的唯一公共部门，可采取分等级的形式。在所谓的治理中，这种相互作用可以发生在不同等级之间（纵向）和不同地区之间（横向）（Héritier，2002）。

27. 例如，制度化的公私伙伴关系模式涉及公共部门和私营部门联合建立一个实体机构。联合实体机构的任务是确保工作或服务的提供是为了公众的利益。在成员国内，政府当局有时会求助于这种机构，尤其是在地方尺度上公共服务管理方面，如供水服务、废物收集服务，危险区住房改造等。这种联合实体机构在法律方面允许公共部门通过作为股东及参与决策层，在项目发展方面处于较高控制地位，当然这会随着时间推移发生改变。它也促使公共部门在处理相关问题时积累自身经验，同时能呼吁并得到私营部门支持。制度化公私伙伴关系的实现方式有两种：公共部门和私营部门建立联合机构，或私营部门掌控现有公共事业。

28. 此外，虽然当选的政府官员鼓励自己的同行参加培训计划，但是自己却不情愿参加。因为他们是被选出来的这个事实已经证实其能力，并且打消其参加培训的积极性（Calame，2003）。

29. 虽然实验背后有政府固定拨款的无条件支持，但是当与中央权力之间缺乏足够信息分享时，实验依然有可能失败。当然如果中央政府是个观察敏锐、关怀备至的伙伴，对项目能给予有条件的支持（依赖于其成本及预期影响力、将筹措资金的阶段跟项目执行阶段连接起来、做到绩效奖励），财政转移也会毫无疑问更为有效。值得考虑的是，当地方政府从一开始就失去决策能力，尤其是在无条件转移支付时，所有创新形式都面临着被扼杀的风险。

30. 尽管如此，一些人指出"实验的权利"这种概念本身就揭示了地方政府在提出一些地方性方案上所拥有的特殊自由（Calame，2003）。

参 考 文 献

Arndt, M., T. Gawron and P. Jähnke (2000), "Regional Policy through Co-operation: From Urban Forum to Urban Network", *Urban Studies*, Vol. 37, No. 11, p p. 1903-1923.

Ashcroft, B. (2002), "The Scottish Economy" in N. Hood, J. Peat, E. Peters and S. Young (Eds.) *Scotland in a Global Economy: The* 20: 20 *Vision*, Palgrave Macmillan, Hampshire.

Bachtler, J. (2001), *Where is Regional Policy Going? A New Paradigm of Regional Policy*, Report to EoRPA Regional Policy Research Consortium, European Policies Research Centre, University of Strathclyde, Glasgow.

Bachtler, J. and P. Raines(2002), *A New Paradigm of Regional Policy? Reviewing Trends in Regional Policy in Europe*, Report to EoRPA Regional Policy Research Consortium, European Policies Research Centre, University of Strathclyde, Glasgow.

Benneworth, P., M. Danson, , P. Raines and G. Whittam(2003), "Confusing Clusters? Making Sense of the Cluster Approach in Theory and Practice", *European Planning Studies*, Vol. 11 (5), pp. 511-520.

Berman, D. R. (2003), *Local Governments and the States: Autonomy, Politics, and Policy*, New York, M.E. Sharpe.

Best, M. (2000), "Silicon Valley and the Resurgence of Route 128: Systems Integration and Regional Innovation", in J. Dunning (Ed.) *Regions, Globalization, and the Knowledge-Based Economy*, Oxford University Press, Oxford.

Bobbio, L. (2003), "Building Social Capital through Democratic Deliberation: the Rise of Deliberative Arenas", in *Social Epistemology*, Vol. 17, No. 4, pp. 343-357.

Calame P. (2003), *La démocratie en miettes: Pour une révolution de la gouvernance*, Éditions Descartes and Cie, Paris.

Charles, D., B. Perry, and P. Benneworth (2004), *Towards a Multi-level Science Policy: Regional Science Policy in a European Context*, Regional Studies Association, Seaford.

Coase, R. (1974), "The Lighthouse in Economics", *Journal of Law and Economics*, 17 (Oct.) pp. 357-376.

Collin, J-P. and J. Léveillée, with the collaboration of M. Rivard and M. Robertson, (2004), *Municipal Organisation in Canada: Tradition and Transformation, Varying from Province to Province*, Villes Régions Monde/Institut de Ciences Politiques i Socials/Centre per a la Innovacio Local, 50 p. (forthcoming).

Cooke, P. (2004a), "Regional knowledge capabilities, embeddedness of firms and industry organisation: bioscience megacentres and economic geography", *European Planning Studies*, Vol. 12, pp. 625-641.

Cooke, P. (2004b), *University Research and Regional Development*, Report to EC-DG Research, European Commission, Brussels.

Cooke, P. (2004c), "Regional Transformation and Regional Disequilibrium: New Knowledge Economies and their Discontents, " in G. Fuchs and P. Shapira. *Rethinking Regional Innovation and Change: Path Dependency or Regional Breakthrough?* Kluwer.

Cooke, P., M. Heidenreich and H-J. Braczyk (2004d), *Regional Systems of Innovation: The Role of Governance in a Globalized World* (Second Edition), Routledge, London.

Cooke, P. (2001) "Regional Innovation Systems, Clusters and the Knowledge Economy", *Industrial and Corporate Change*, Vol. 10, No. 4, pp. 945-974.

Cooke, P. and K. Morgan (1991), *Industry, Training and Technology Transfer: The Baden-Wurttemberg System in Perspective*, Regional Industrial Research Report No. 6, Department of City and Regional Planning, University of Wales College of Cardiff.

Crouch, C., P. Le Galès, C. Trigilia and H. Voelzkow (2001), *Local Production Systems in Europe: Rise or Demise*, Oxford University Press, Oxford.

Dafflon, B. and R. Jean (2002), "Innovations institutionnelle et logique 'de bas-en-haut' en Suisse", *Organisations et territoire, Réflexion sur la gestion, l'innovation et l'entrepreneurship.* Vol. 11, No. 2, pp. 127-137.

DATAR（2002），*Les Contrats de Plan État-Région*，série Territoires en mouvement，La documentation française.

Dankbaar，T.（2004），"Embeddedness，Context，Proximity and Control"，*European Planning Studies*，Vol. 12，pp. 691-701.

Delcamp A. and J. Loughlin（eds）（2002），*La décentralisation dans les États de l'Union européenne*，La documentation française，Paris.

Doloreux，D.（2004），"Regional Innovation Systems in Canada: A Comparative Study"，*Regional Studies*，Vol. 38，pp. 481-494.

Dunning，J.（1992），"The Competitive Advantage of Countries and the Activities of Transnational Corporations"，*Transnational Corporations*，Vol. 1.1.

DTI（2004），*Competing in the Global Economy: The Innovation Challenge*，DTI Economics Paper No. 7，Department for Trade and Industry，London.

DTI/DfEE（2001），*Opportunity for All in a World of Change*，Department for Trade and Industry and Department for Education and Employment，London.

Fares，M.（2002），"Canonical models of theories of contracts"，in E. Brousseau and J.-M. Glachant （eds）*The Economics of Contracts*，Cambridge University Press.

Foster，K.A.（1997），*The Political Economy of Special-Purpose Government*，Washington，D.C.，Georgetown University Press.

Garnsey E. and C. Longhi（2004），"High Technology Locations and Globalization: Converse Paths，Common Processes"，*Int. J. Technology Management*，Vol. 28，Nos. 3/4.

Gaxie D.（1997），"Introduction: les chemins tortueux de l'intercommunalité"，in Rémy Le Saout，dir.，*L'intercommunalité. Logiques nationales et enjeux locaux*，Rennes，Presses de l'Université de Rennes，pp. 11-21.

Garfoli，G and B. Musyck（2001），"Innovation Policies for SMEs in Europe: Towards an Interactive Model?"，*Regional Studies*，Vol. 9，pp. 869-872.

Greffe，X.（2001），"Devolution of Training: A Neccesity for the Knowledge Economy"，in *Devolution and Globalisation: Implications for Local Decision-Makers*，Organisation for Economic Co-operation and Development，Paris.

Haila, A. and P. Le Galès (2002), "Combining the maintenance of the welfare state and the competitiveness of Finland: The contradictions of urban governance in Helsinki" Paper presented at the Workshop "The politics of metropolitan governance", 30th ECPR Joint Sessions of Workshops, Turin, 22-27 March.

Hajer, M.A. and H. Wagenaar (eds) (2003), *Deliberative Policy Analysis; Understanding Governance in the Network Society*, Cambridge University Press.

Hassink, R. (2002), "Regional Innovation Support Systems", *European Planning Studies*, Vol. 10 (2), pp. 153-164.

Hayashi, M. (2002a), "Congestion, Technical Returns and the Minimum Efficient Scales of Local Government Expenditures: The Case of Japanese Municipalities", Discussion Paper Series No. 01, Institute for Research in Business and Economics, Meiji Gakuin University, *www.meijigakuin.ac.jp/~hayashim/Works/optimalsizef/PDF*.

Hayashi, M. (2002b), "Incentives and Technical Inefficiencies in the Production of Local Public Services", Economic and Social Research Institute, Cabinet Office, Government of Japan, Tokyo.

Héritier A. ed. (2002), *Common Goods – Reinventing European and International Governance*, Lanham, Maryland, Rowman and Littlefield Publishers Inc.

Hilpert, U. (1992), *Regional Innovation and Decentralization: High Tech Industry and Government Policy*, London and New York, Routledge.

Huggins, R. (2004), *European Competitiveness Index 2004: Measuring the Performance and Capacity of Europe's Nations and Regions*, Robert Huggins Associates, Pontypridd.

Inman R.P. (1988), "Federal assistance and local services in the United States: The evolution of a new federalist fiscal order" in *Fiscal Federalism* Harvey Rosen (ed.) Chicago: U. Chicago Press pp. 33-74. IRD Duhallow (2002), *Annual Report* 2002/2003.

Jehiel P. (1997) "Bargaining between benevolent jurisdictions or when delegation induces inefficiencies," *Journal of Public Economics*, Elsevier, Vol. 65 (1), pp. 61-74.

Joumard I. and P.M. Kongsrud (2003), "Fiscal Relations across Government Levels", OECD Economic Department Working Paper No. 375.

Kanter, R. M. (1995), *World Class: Thriving Locally in a Global Economy*, Simon and Schuster,

New York.

Keating, M.（1995），"Size, Efficiency and Democracy: Consolidation, Fragmentation and Public Choice", in Dennis Judge, Gerry Stoker and Harold Wolman（dir.）, *Theories of Urban Politics*, London, Sage Publications, pp. 117-134.

Krugman P. and A.J. Venables（1990）"Integration and the competitiveness of the peripheral industry", pp. 55-77 in Bliss, C. and J. Braga de Macedo（eds.）, *Unity with Diversity in the European Economy*, Cambridge University Press/CEPR, Cambridge/ London.

Lagendijk, A., and D. Charles,（undated）*Regional Institutions facilitating technology transfer to SMEs: A Review paper for OECD*, Organisation for Economic Co-operation and Development, Paris.

Landabaso. M., C. Oughton, and K. Morgan,（2003）"Learning Regions in Europe: Theory, Policy and Practice through the RIS Experience", in D. V. Gibson *et al.*（eds.）*Systems and Policies for the Global Learning Economy*, Praeger Press.

Lawton Smith, H.（2005）, Invited keynote paper "The impact of tertiary education on urban development' OECD International conference on city competitiveness, Tenerife, March 3 and 4 2005.

Longhi, C.（1999）, "Networks, collective learning and technology development in innovative high-technology regions: the case of Sophia Antipolis", *Regional Studies*, Vol. 33.4.

Longhi C. and M. Quere,（1997b）, "The Sophia-Antipolis Project or the Uncertain Creation of an Innovative Milieu", in Ratti, Bramanti, Gordon（eds）, *The Dynamics of Innovative Regions*, Eldershot, Ashgate Pub.

Lundvall, B.A.（1992）*National Systems of Innovation: Towards a theory of innovation and interactive learning*, Pinter, London.

Lundvall, B. A. and B. Johnson（1994）, "The Learning Economy", *Journal of Industry Studies*, Vol. 1, pp. 23-42.

Luger, M.I. and H. A. Goldstein（1991）, *Technology in the Garden*, Chapel Hill, N.C.: UNC Press.

Marcou, G.（2004）, La planification à l'échelle des grands territoires. Etude comparative（Allemagne, Espagne, Italie, Pays-Bas, Royaume-Uni）, Paris, Ministère de l'Equipement, du Logement et des Transports（forthcoming）.

Marcou, G. and H. Wollman（eds.）（2004）, Réforme de la décentralisation, réforme de l'État: régions et villes en Europe, CNRS éditions, Paris.

Markusen, A.（1996）, "Sticky Places in slippery space: A typology of industrial districts", *Economic Geography*, Vol. 72. pp. 293-313.

Martin, R. and P. Sunley（1998）, "Slow Convergence? The New Endogenous Growth Theory and Regional Development", *Regional Studies*, Vol. 74, pp. 201-227.

Martin R. and P. Sunley（2003）, "Deconstructing Clusters: Chaotic Concept or Policy Panacea?", *Journal of Economic Geography*, 1, 5-35.

Martin, R. and P. Tyler（2000）, "Regional Employment Evolutions in the European Union: A Preliminary Analysis", *Regional Studies*, Vol. 34, pp. 601-616.

Massey, D. and D. Wield（1992）, "Evaluating Science Parks", *Local Economy*, Vol. 7, pp. 10-25.

Moiso A. and Uusitalo R.（2003）, "Kuntien yhdistymisen vaikutukset kuntien menoihin", （The effects of amalgamations of municipalities on expenditure of municipalities）. Sisäasiainministeriö, Finland.

Oates W.E.（1999）, "An Essay on Fiscal Federalism" *Journal of Economic Literature*, Vol. 37, No. 3, Sept., pp. 1120-1149.

OECD（1997）, *National Innovation Systems*, Organisation for Economic Co-operation and Development, Paris.

OECD（1999）, *Report on Innovation and Territories: U-grading Knowledge and Diffusing Technology in a Regional Context*, Organisation for Economic Co-operation and Development, Paris.

OECD（2001a）, *Territorial Review of Italy*, Organisation for Economic Co-operation and Development, Paris.

OECD（2001b）, *OECD Territorial Outlook*, 2001, Organisation for Economic Co-operation and Development, Paris.

OECD（2001c）, *Territorial Review of Hungary*, Organisation for Economic Co-operation and Development, Paris.

OECD（2002a），Benchmarking of Science Industry Relationships，Organisation for Economic Co-operation and Development，Paris.

OECD（2002b），*Territorial Review of Switzerland*，Organisation for Economic Co-operation and Development，Paris.

OECD（2002c），*Territorial Review of Canada*，Organisation for Economic Co-operation and Development，Paris.

OECD（2002d），*Territorial Review of Champagne-Ardennes，France*，Organisation for Economic Co-operation and Development，Paris.

OECD（2003a），*Territorial Review of Mexico*，Organisation for Economic Co-operation and Development，Paris.

OECD（2003b），*Territorial Review of Helsinki，Finland*，Organisation for Economic Co-operation and Development，Paris.

OECD（2003c），*Territorial Review of Öresund（Copenhagen and Malmo）*，Organisation for Economic Co-operation and Development，Paris.

OECD（2003d），*Territorial Review of Vienna – Bratislava*，Organisation for Economic Co-operation and Development，Paris.

OECD（2004），*Territorial Review of the Czech Republic*，Organisation for Economic Co-operation and Development，Paris.

OECD（2005），*Territorial Review of Japan*，Organisation for Economic Co-operation and Development，Paris.

OECD *Territorial Review of Finland*，Organisation for Economic Co-operation and Development，Paris，（forthcoming）.

OECD（2004），*Territorial Review of Mexico City*，Organisation for Economic Co-operation and Development，Paris.

OECD（2004），*Territorial Review of Montreal，Canada*，Organisation for Economic Co-operation and Development，Paris.

OECD（2005），*Territorial Review of Busan – Korea*，Organisation for Economic Co-operation and Development，Paris.

OECD, *Territorial Review of Seoul-Korea*, Organisation for Economic Co-operation and Development, Paris. Forthcoming.

OECD (2002), *Territorial Review of Tzoumerka, Greece*, Organisation for Economic Co-operation and Development, Paris.

OECD (2003), *Territorial Review of Moravska Trebova-Jevicko, Czech Republic*, Organisation for Economic Co-operation and Development, Paris.

OECD (2000), *Territorial Review of Bergamo, Italy*, Organisation for Economic Co-operation and Development, Paris.

OECD (2001), *Territorial Review of the Valencian Central Districts, Spain*, Organisation for Economic Co-operation and Development, Paris.

OECD (2002), *Urban Renaissance Review: Glasgow: Lessons for Innovation and Implementation*, Organisation for Economic Co-operation and Development, Paris.

OECD (2000), *Urban Renaissance Review: Belfast*, Organisation for Economic Cooperation and Development, Paris.

OECD (2000), *Cultivating Rural Amenities: An Economic Development Perspective*, Organisation for Economic Co-operation and Development, Paris.

Patel, P. and Pavitt, K. (1991), "Larger firms in the production of the world's technology: An important case of 'non-globalization'", *Journal of International Business Studies*, Vol. 22, pp. 35-54.

Porter, M. (1990), *The Competitive Advantage of Nations*, The Free Press, New York.

Porter, M. (1994), "The Role of Location in Competition", *Journal of the Economics of Business*, Vol. 1, No. 1.

Porter, M. (2003), "The Economic Performance of Regions", *Regional Studies*, Vol. 37, pp. 549-578.

Power, D. and M. Lundmark, (2004), "Working through Knowledge Pools: Labour Market Dynamics, the Transference of Knowledge and Ideas, and Industrial Clusters", *Urban Studies*, Vol. 41, pp. 1025-1044.

Raines, P. (2001), "The Cluster Approach and the Dynamics of Regional Policymaking",

September，EPRC Research Paper No. 47.

Reich, R.(1991), *The Work of Nations: Preparing Ourselves for 21st Century Capitalism*, New York: Alfred A. Knopf.

Rosenfeld，S. (1998)，*Technical Colleges，Technology Deployment and Regional Development*, draft stock-taking paper prepared for the OECD，Regional Technology Strategies Inc，Chapel Hill，North Carolina.

Rosenfeld，S. (2002)，*Creating smart systems: A guide to cluster strategies in less-favoured regions*, Regional Technology Strategies Inc，Chapel Hill，North Carolina.

Sancton，A.(2000)，*Merger Mania: The Assault on Local Government*，Westmount，Price- Patterson Ltd.

Saxenian，A.(1994)，*Regional Advantage: Culture and Competition in Silicon Valley and Route* 128, Harvard University Press，Cambridge，MA.

Scott，A. and M. Storper (2003)，"Regions，Globalization and Development"，*Regional Studies*, Vol. 37，pp. 579-593.

Simmie，J.，J. Sennett，P. Wood and D. Hart (2002)，"Innovation in Europe: A Tale of Networks, Knowledge and Trade in Five Cities"，*Regional Studies*，Vol. 36，pp. 47-64.

Steiner，R.(2003)，"The Causes, Spread and Effects on Inter-Municipal Co-operation and Municipal Mergers in Switzerland"，*Public Management Review*，Vol. 5，No. 4，p. 551-571.

Storper，M. (1997) *The Regional World: Territorial Development in a Global Economy*，Guildford Press，New York.

Tornatzky，L.，P. Waugaman，and D. Gray (2002)，"Innovation U: New University Roles in a Knowledge Economy"，Southern Growth Policies Board，Research Triangle Park，NC，*www.southern.org/pubs/innovationU/*.

Vermeylen P. (2001)，"Public Private Partnerships and Urban Renewal"，OGM preparatory report for the *Informal Councils of Ministers on Urban Policy*，Brussels.

Wishlade，F.，Brown，R.，and Yuill，D. (1996)，*A Comparative Overview of Research and Development Incentive Policies in the EU*，Report to Ministry of Industry，France，European Policies Research Centre，University of Strathclyde，Glasgow.

Yuill，D.（2003），*Regional Policy in Europe，Annual Review，2002/03*，Report to the EoRPA Regional Research Consortium，European Policies Research Centre，University of Strathclyde，Glasgow.